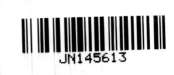

まえがき

本シリーズは「どうしたらできるようになるのか」「どうしたらうまくなるのか」という子どもの願いに応えるために，教師が知っておきたい「『運動と指導』のポイント」をわかりやすく示している。

その特徴は「写真」にある。「写真」を使って運動の経過やつまずきを示すことで，動きと運動のポイントが明確になるようにしている。絵では示し得ない運動の姿をリアルに描き出し，それを日々の授業に役立てていただけることを願ってまとめている。

このシリーズは，小学校における体育科の内容を考慮し，**「鉄棒」「マット」「とび箱」「ボール」「水泳」「陸上」「なわとび」「体つくり」**の８巻で構成している。それを筑波大学附属小学校の体育部並びに体育部OBで分担，執筆した。

各巻の中で取り扱う運動は，系統と適時性を考慮して配列し，基礎的な運動からその発展までを系統樹として巻頭に示した。

本書は，このシリーズのなかの**「マット」**である。

マット運動は，他の器械運動の領域同様，「できる」「できない」がはっきり見えるために，うまくできない子どもは消極的な取り組みになりやすい。一方，たとえできなくても「できそうだ！」という手応えを感じた子どもは意欲的な取り組みになり，結果としてできるようになると，その達成感・喜びも大きい。そのためには，運動に必要な基礎感覚を育て，系統的・段階的に指導することが大切になる。

そこで，本書では「基礎感覚を育てる運動」をベースにしながら，さまざまなマット運動をいくつかのグループに分け，代表的な運動を取り上げた。子どもの実態により，弾力的な指導と授業づくりをしていただければ幸いである。

最後に，本書の出版にご尽力いただいた多くの関係諸氏に心よりお礼を申し上げたい。

マットの授業づくり 10のコツ

1. 効率的なマネジメントを心がけよう —運動する時間を確保する—

体育は活動場所の移動や用具の準備・片付けなどが伴う教科であるため，そうしたことに時間がとられると，最も大切にしなければならない“運動する時間”を十分に確保できないことになる。そのため，マット運動の最初の授業では，マットを運ぶ順番（遠いグループから，背の高いグループから。片付けは逆の順番で）や，運び方（後ろ向きになるとつまづいて転びやすくなるため横向きで運ぶ）などについて指導しておくのがよい。また，スムーズにマットを準備し片付けるためには，子どもたちの動きが一方通行になった方がよい。そのためには，マットと壁の間に間隔を設けて，人が入れるようにしておく必要がある。また，マットを準備した後で何を行うかを事前に指示しておくと，ただ待っているだけという時間がなくなる。

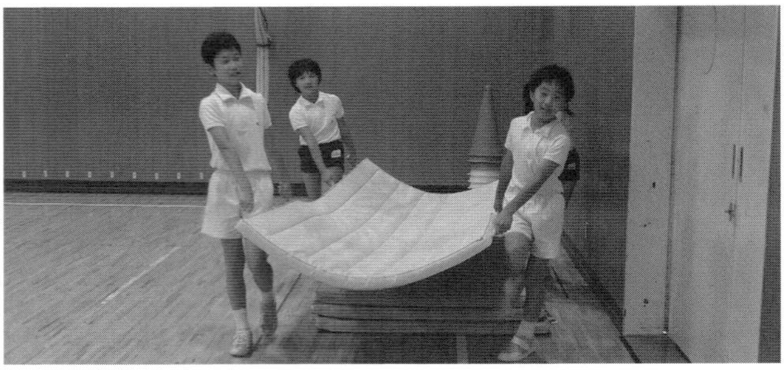

2. 運動に取り組む仲間を固定しよう —伝え合う，わかり合う—

マット運動の学習を進めていくにあたっては，自分がどの程度の技能段階にあるのかを知る，技能の伸びやつまずきを理解する，どうしたらよいかの手立てがわかるなど，自分についての情報が必要になる。その情報を得るためには，授業の中で仲間との具体的な関わりが保障されていることが前提になるため，単元を通して学習を進める仲間・グループを固定する必要がある。その上で，まず関わり合いそのものを評価する，次に関わり合いの内容を評価するという２段階を考えておきたい。

3. 体つくり運動と関連させよう —基礎となる感覚や動きの定着を図る—

例えば，回る動き，転がる動きやバランスをとる動き，登る・下りる動き，支える動き，支えながら移動する動きなど，器械運動で大切になる腕支持や逆さ，回転などといった動き・感覚の多くは，「体つくり運動」で取り上げられる運動と密接な関連がある。器械運動の授業の導入段階で，これらの動きを取り上げることもできる。

学習指導要領の解説では，類似する技のグループの中で，最も初歩でやさしい技から取り組むよう示されている。しかし，学級によっては，児童の中に初歩的でやさしい技として示されている運動でさえ困難な者がいる（中学年での後転・壁倒立など）。具体的な技を指導する前に，体つくり運動で行う運動も含め，感覚づくりの運動に取り組ませたい。

4. やさしい場づくりを工夫しよう —「できる」ステップを複数準備する—

椅子に座っている人が椅子から立ち上がるのに何の問題もないように，床に着いた足より腰の位置が高ければ，前方への起き上がりは容易になる。それは，マット１枚分であっても前転が容易になり，開脚前転や伸膝前転の練習に生かせることを示唆している。重ねるマットの枚数を変えれば難しさも変わる。

踏み切り板などを活用してスロープを作ることにより，伸膝前転や後転などの回転力を補うことができる。また，そのスロープの斜度を変えることができれば難しさも違ってくる。できない技を何度も練習するのではなく，条件を変えながら「できる段階」を上げていくのである。

5．系統性を大切にしよう　―似た感覚の運動をやさしいものから準備する―

器械運動で子どもたちが取り組む技にも，難しさのレベルに違いがある。そこで「系統樹」（p.4-5）では，低・中・高と学年段階を示して技を位置づけている。しかし，たとえ高学年の子どもであっても，実際には中学年や低学年に位置づけられた技から始めることが必要になる場合もあるだろう。技に示された学年にとらわれることなく，子どもの実態に見合った技を取り上げるようにしたい。

6．動きのポイントを理解させよう　―わかってできる，わかるから伝えられる―

側方倒立回転を行うとき，腕で体を支えるには「下を見ること」が，安定した着地のためには 「着地する靴の向きが元の方向を向くこと」がポイントになる。意識しなくてもできている子もいれば，やり方がわからずできないままの子もいる。仲間に助言するとき，あるいは自分で練習するときに，こうしたポイントを理解しているかどうかで結果は大きく違ってくる。

7．全員が取り組める運動から始めよう　―「できる」からスタートする―

新しい単元に入ったときには，まったくやったことがない子ども，やり方がわからない子どもがいるはずである。その子たちに「とてもできそうにない」「怖い」と思わせるのではなく，「これなら自分でもできる」「できそうだ」という動き・課題から始めるようにしたい。補助をつけたりやさしい場を準備したりすることでもよい。全員が取り組める段階・課題から学習をスタートするよう心がけたい。

8．後半の動きを経験させよう　―「1 人でできる」ことに近づける―

課題となる技がうまくできない理由の一つに，後半の動きのやり方が分からない，経験したことがないということがある。通常，課題となる技に取り組んでも，うまくできなければ途中で終わることになる。例えば，鉄棒運動の逆上がりや膝掛け後方回転で，後方に回転して起き上がり，腕支持になる動きを経験していなければ，途中からどうやっていいかわからなくなるだろう。跳び箱運動の開脚跳びも，一番重要な腕支持から「肩を前に出して跳び越す」動きに恐怖心を持っていれば，腕で動きを制止してしまうことになる。そこで，後半の動きの経験によって「できそうだ！」と子どもに思わせたいのである。

9．適切な補助ができるようにしよう　―できた感覚を味わわせる―

課題となる技ができるようになる方法として，類似した運動（開脚跳びと馬跳び，かかえ込み跳びとうさぎ跳びなど）に取り組ませる方法がある。一方，技の全体の動きに体が慣れることによって意図的に体を操作できるようにするために，仲間や教師の補助によって正しい運動経過を経験させる方法もある。後者では，適切な補助ができることが前提になる。例えば，後転で回転方向に背中を押すと首を痛めることになるし，倒立前転で倒立の補助の手を離す時期を間違えるとうまく前転につながらない。

10．個人の技能の伸びを大切にしよう　―「できる・上手になる」ことを保障する―

小学校６学年のマット運動の授業で，集団マットに取り組む様子を目にする機会があった。小学校マット運動の集大成ともいえる授業だが，３分ほどの演技の中で前転を数回まわっただけの児童を目にした。楽しそうな表情でスキップで場所を移動をしたり，片膝を着いての拍手でリズムを取って場を盛り上げていたりはしていたが，マット運動の技としては数回の前転だけである。これで中学校に進むことを考えると，せめて後転や側方倒立回転を共通課題として演技の中に入れておくべきであると思われた。

マットの系統樹

【転がる運動】

学年	前に回る運動	後ろに回る運動	横転
6	伸膝前転 P22		
5	倒立開脚前転 P32 倒立前転 P28	後転倒立 P42	
4	跳び前転 P24	伸膝後転 P40	
3	開脚前転 P18	開脚後転 P38	側転 P43
2		後転・後ろ転がり P34	
1	前転・前転がり P12	ゆりかご P10	丸太転がり P43

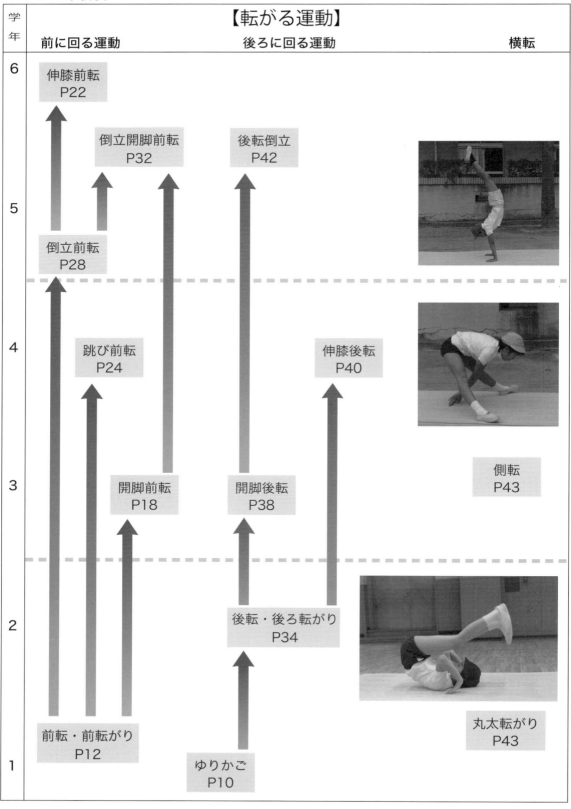

【支持回転する運動】

前に回る運動　逆立ち・倒立　横に回る運動　学年

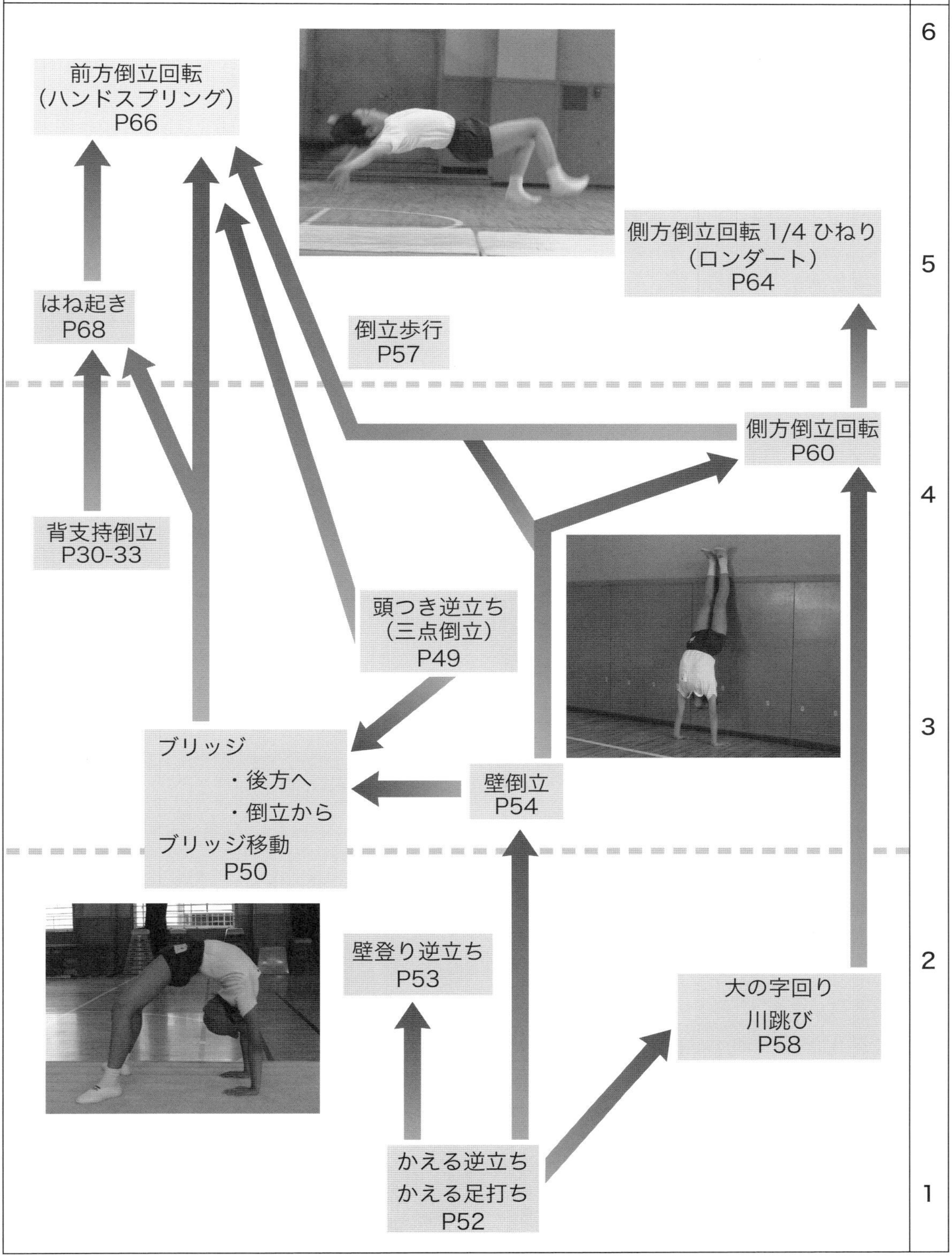

目次

Ⅰ. 転がる運動

ゆりかご

低

運動のポイント

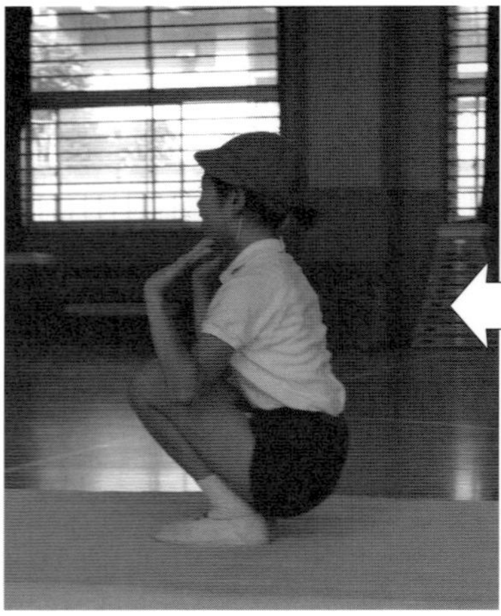

手のひらを上にして両手を耳の横に置き，後転の手の着き方の準備

腰の角度を大きくして，足の引き寄せ（回る勢い）の準備段階

顔の上に腰がきて，逆さの姿勢。両手はマットに着けて押す姿勢

つまずく動きと指導のポイント

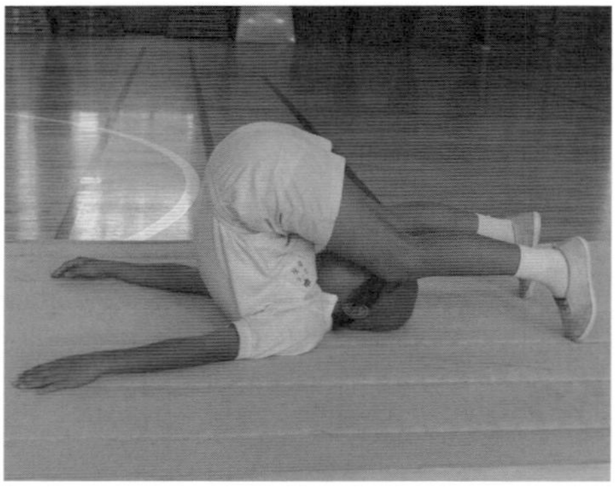

両手がマットの上に着いたまま

両手を耳の横からマットに着ける

膝が伸びたままで起き上がれない

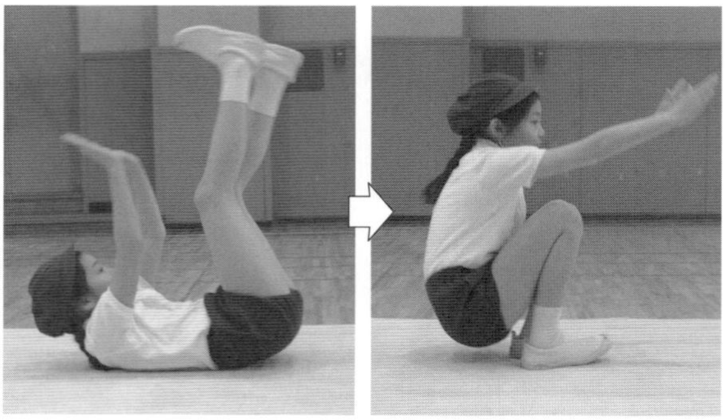

タイミング良く膝を曲げよう

低学年でも取り組むことができる「転がる運動」の基礎といえるのが「ゆりかご」である。 前転の起き上がりや後転の手の着き方の習得につながる運動であり，中学年・高学年でもマット運動の慣れの運動として，必要に応じて繰り返し取り上げたい。

指導のポイント

◆最初は前後に揺れる動きから始める

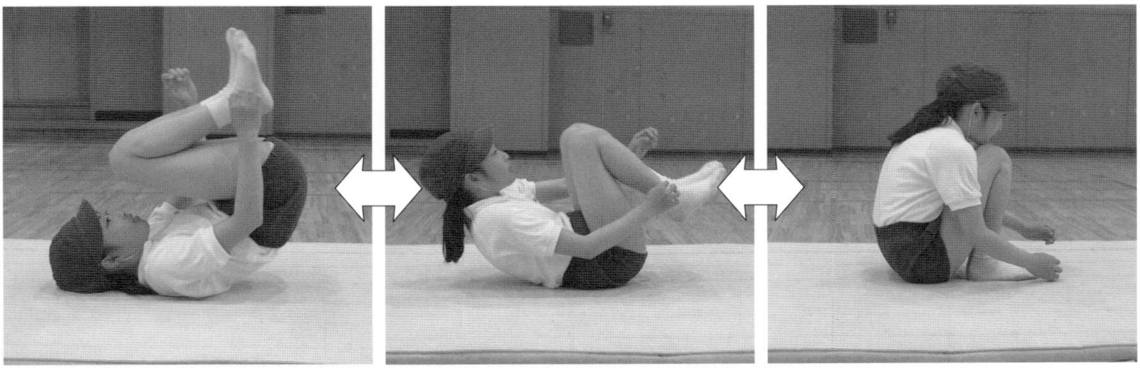

最初は小さいままでよい　　前後に揺れる感じで　　お尻を着いたままでよい

◆手タッチで，起き上がりの勢いを補う

ゆりかごで後方に回転　　回転の途中　　両手を前に手タッチ

◆両手の着き方を間違えない

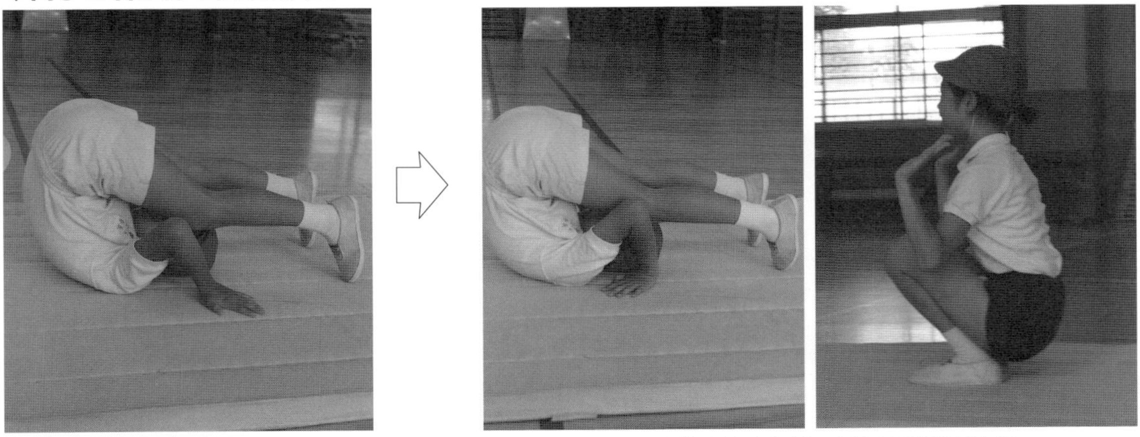

手の向きが違うと押せない　　正しく着くためには，最初の準備が大切

転がる運動　1.前転系

前転・前転がり

低

運動のポイント

前を見て回転の準備

腰を高くして回転の開始

腕で体を支えながら
頭の後ろを着ける

つまずく動きと指導のポイント

●回転開始時：最初から足がそろっていない

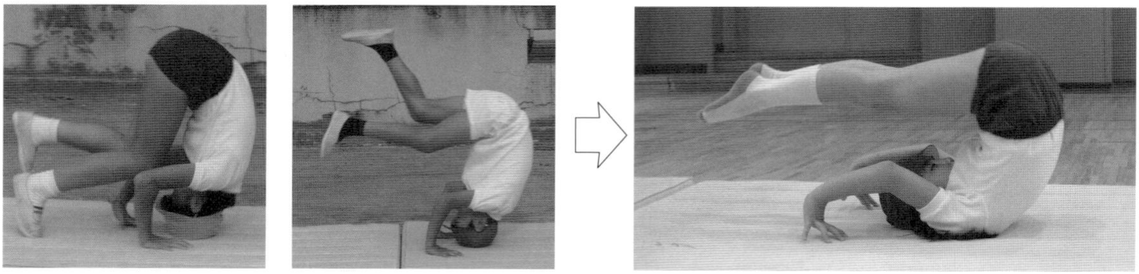

壁倒立のように片足ずつ上げながら回っている
身体を反る動きになるので注意

準備で足そろえを意識
帽子を足ではさむなどの手立て

●回転開始時：頭で逆立ちになっている

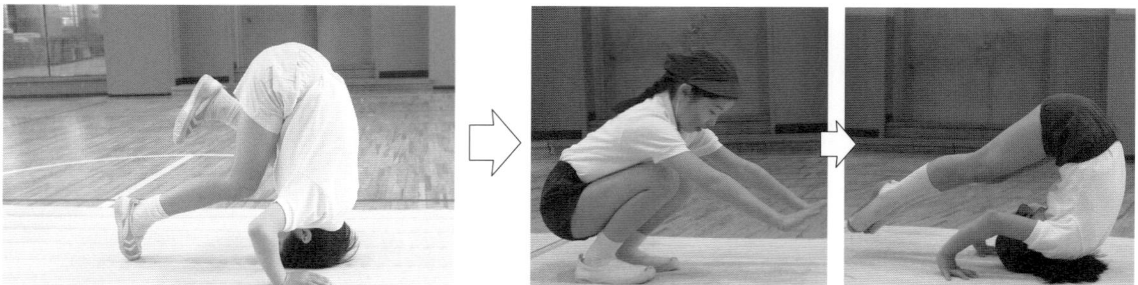

頭頂を着き，逆立ちになる

回転開始時に前を見た後で，お腹を見て頭を入れる
というように，視線の移動を意識させる

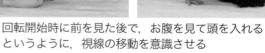

転がる運動の代表的なものが「前転・前転がり」といってよい。低学年のうちはきれいな前転を主要な課題とするよりも，他の運動と組み合わせたり友だちと一緒に回転させたりしながら，体を丸めて前に転がる感覚づくりを大切にしたい。

膝を伸ばして回転

膝を曲げながら起き上がりの準備

両手を前に出して回る勢いを保ったまま起き上がる

●回転途中：回転が小さな動きになっている

膝と胸が着くくらいに小さくなる
「ボールのように小さく」では回りにくい

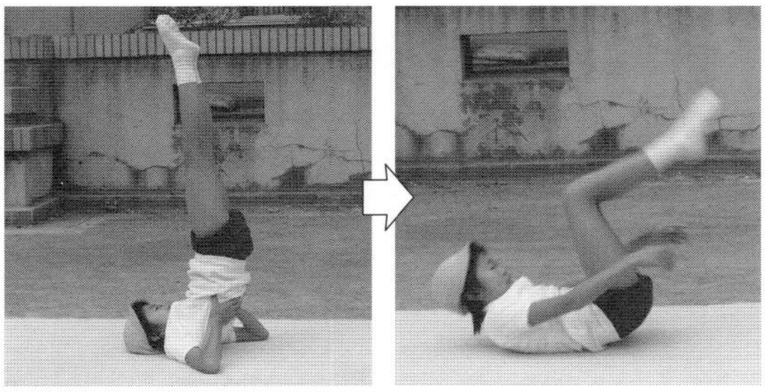
背支持倒立の姿勢を指導するとよい。この運動は，さまざまな前転系の運動に生きる

●起き上がり：うまく起き上がれない

膝が伸びていたり，回転の勢い不足のためにうまく起き上がれない

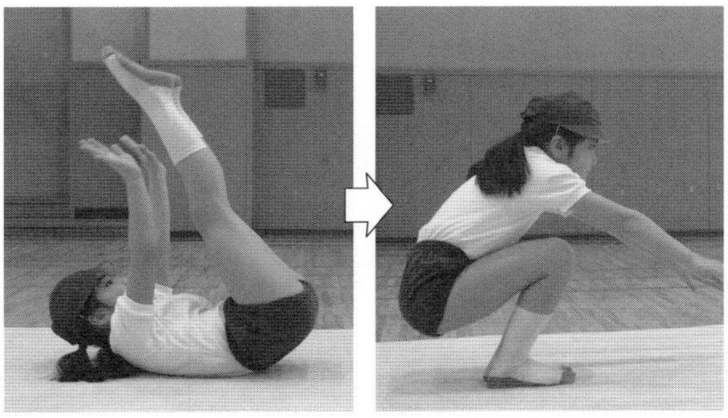
膝を曲げるタイミングや両手を前に出すことが大切。背支持倒立からの練習が有効

他の運動からの前転

単調に前転の練習を繰り返すだけでなく，さまざまな運動から前転につなげることによって，前方への回転感覚を高めることができる。また，うまく転んでけがから身を守る方法でもある。

◆「ケンケン」からの前転

ケンケンから両足をそろえて前転の準備

前転をして　再びケンケン

◆「手足走り」からの前転

手足走りの勢いを止めずに，腰の位置を高くしたまま，前転をする

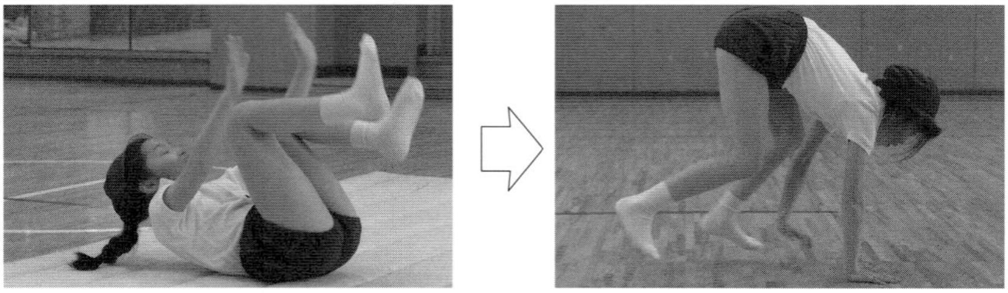

素早く前転から起き上がって手足走りにつなげる

◆「うさぎとび」からの前転

「手・足・手・足」のうさぎとびのリズムを保ったまま

「跳び前転」に近い感じの前転を行い　　　再びうさぎとびへ

◆「手押し車」からの前転

腕支持で移動する手押し車から，足を高く持ち上げてもらって腰高の前転を行う

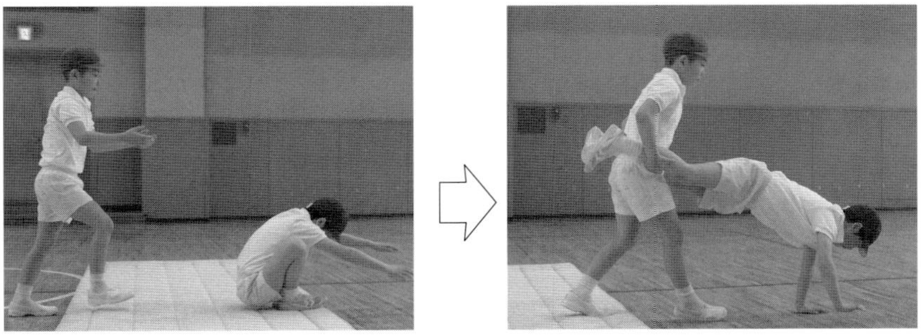

高い位置からの前転を終えたら，また手押し車を続ける

いろいろな前転

新たな課題を設定して取り組ませることで，子どもたちの挑戦心をくすぐり，前転の動きの幅を広げ，連続技や他の前転系の学習に生かすことができる。

◆ペア前転

2人で並んで，スピードを合わせて前転　同時に終われるかな？

マットの中央から逆方向にやってみた　次は向きを変えて前転？後転？

◆背支持倒立から

大きな前転につながる，背支持からの前転　うまく起き上がる練習にもなる

◆向き変え

着地で左右の足をずらして半ひねり

ジャンプして向き変え

◆**高い所への前転**

両足で踏み切り，腰が高くなるように膝と顔を近づけ

重ねた小マットの上で前転　　柔らかく幅広いマットは，跳び箱よりも安心感がある

◆**高い所からの前転**

両手を着いた時もマットを見ている　　両手で支えながら回転開始

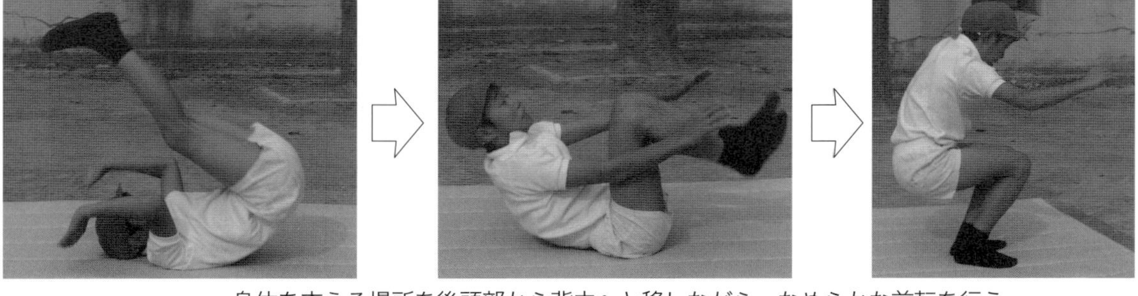

身体を支える場所を後頭部から背中へと移しながら，なめらかな前転を行う

転がる運動　1.前転系

開脚前転

中

運動のポイント

回転の準備

両手で体を支え，回転開始

膝を伸ばし，大きな前転
まだ脚は開かない

つまずく動きと指導のポイント

●開脚が早い

脚を早く開くと重心が後ろに残り，起き上がりが難しくなる

脚が垂直を通り過ぎた頃を目安に一気に脚を開きながら前屈し，両手でマットを押す

両膝を伸ばし，脚を開いて起き上がる運動が開脚前転である。脚を左右に開き前屈する柔軟性とともに，回転の勢いや脚を開くタイミングが大切になる。傾斜や段差を利用しながら学習を進めると技能向上に役立つ。

一気に脚を開き，膝を伸ばしたまま，両手でしっかりと押す

前屈のままマットを押し続ける

終わりのポーズ

●膝が曲がる

回転開始から膝が曲がる場合と，起き上がりで膝が曲がる場合とがある

ゆっくりとした回転で，膝の伸ばしや開脚のタイミングを確認する

場の工夫とその活用

傾斜

回転の勢いを得るために，踏み切り板2枚とマットを使って傾斜をつくった。大切なことは，運動のポイントを確認しながら練習することである。傾斜は，他の回転する運動にも活用できる。

◆傾斜を利用した開脚前転

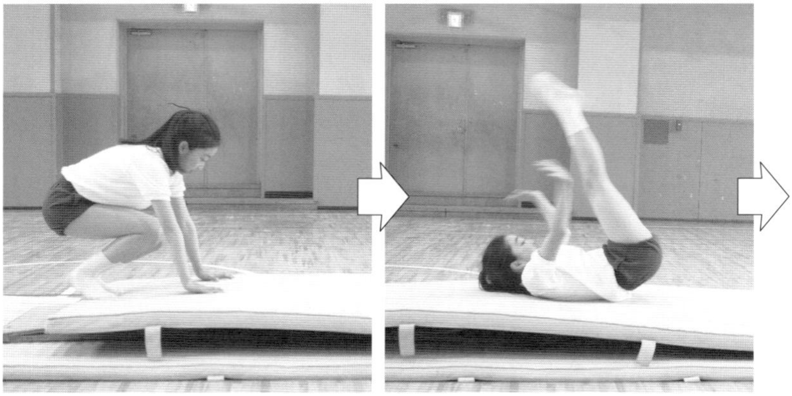

起き上がりで下りの傾斜を使えるよう，開始の場所に配慮する

脚を開くタイミングや前屈，手の押しといったポイントを意識しながら練習する

◆傾斜を利用した狭い開脚前転

傾斜をうまく利用すると，狭い脚の開きに挑戦できる。伸膝前転に近くなる

段差

◆段差を利用した開脚前転（小マット２枚）

小マットを2枚重ねた場での開脚前転。着地の場所が低くなる

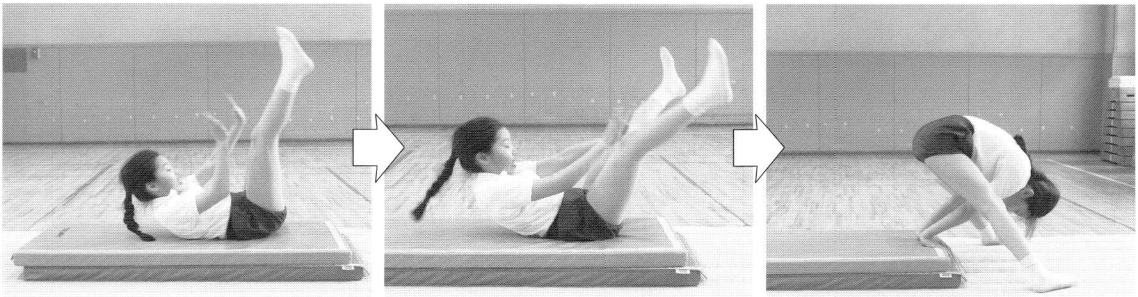

着地の場所を低くすると起き上がりが楽になる。椅子からの立ち上がりと同じ理由

◆マットの角を利用した開脚前転

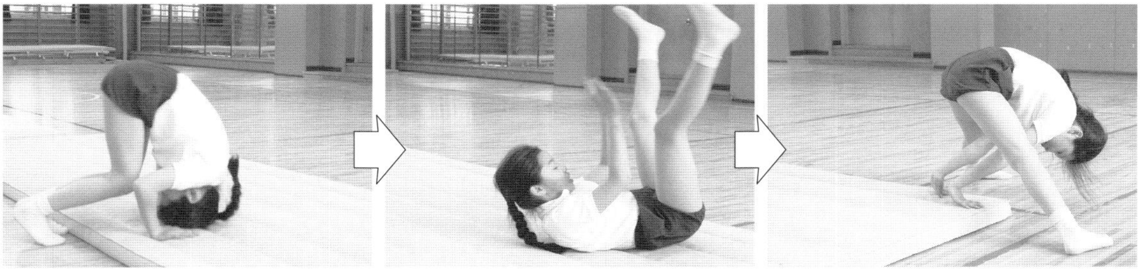

マット1枚の高さでも，起き上がりが楽になる。マットの角を利用するとやりやすい

◆小マット１枚から小マット無しへ

小マット1枚の高さでの開脚前転。続けてマットで行えば通常の開脚前転への挑戦になる

伸膝前転

高

運動のポイント

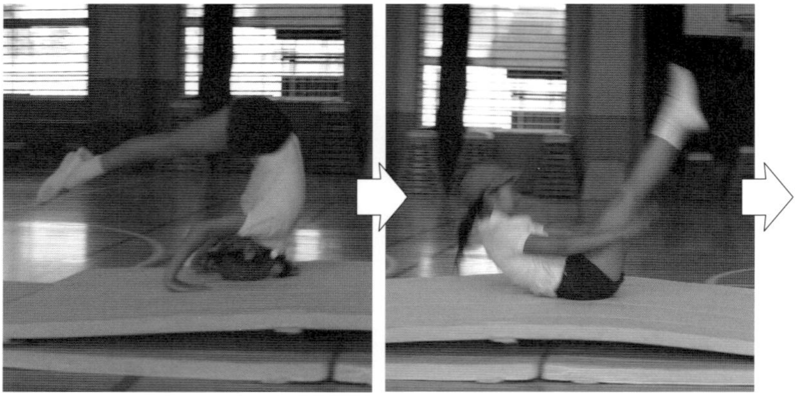

頭部で体を支え，背支持倒立を経過しながら前方への回転を始める

つまずく動きと指導のポイント

●起き上がれない

開脚前転の脚の開きを次第に狭くしていくことで，起き上がりを保障できる

●勢いがつかない

回転開始を大きな動きにする。背支持倒立の感じで行うと，大きな動きになって勢いがつく

両膝を伸ばし，閉じたままで前転する運動が伸膝前転である。小学生では傾斜を利用して取り組むとよい。

前屈して両手でマットを押し　前屈を保って押し続ける　立つまで前屈を保つ

●手でうまく押せない

早く手を着こうとすると，腰の横に手を着くことになる　前屈しながら腿の横に着手

●膝が曲がる

回転を急ぐと膝が曲がりやすい　ゆっくりと大きく回り，目で膝の伸びを確認して回転する

跳び前転

中・高

運動のポイント

両足で踏み切り

腰を高く上げ，膝を伸ばして
スピードをコントロールする

つまずく動きと指導のポイント

●腕の支えが弱い

腕での支えの意識が弱い

高さのある跳び箱の上から前転に挑戦してみる
マットを見て手を着き，腕に力を入れて体を支える

●勢いが余る

勢いの余った前転になる

膝をのばすことで回転の勢いを調節することができる
高いところからの前転で膝伸ばしを意識する

両足で踏み切ってから両手を着くまでの間に，体が空中にある前転が跳び前転である。膝を伸ばすことによるスピードのコントロール，腕での体の支え，なめらかな回転が大切になる。生活や運動の場面で転倒した際に，安全に対応する技能としても価値がある。

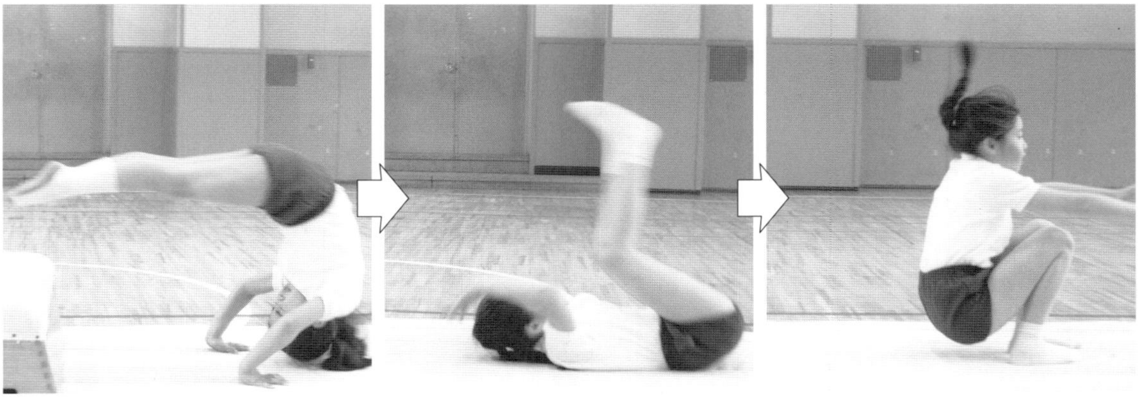

両手でしっかりと体を支え
回転後半の準備をする

重心を腕・後頭部・背中と移して
なめらかに回転する

膝を曲げてかかとを引き寄せ
起き上がる

●回転の勢いが足りない　※勢いが余るよりも回転力の不足の方が危険

膝が顔の上にきてつぶれた姿勢になり，回転力が弱くなる

首や背中で体を支えて腰を
伸ばすようにする

背支持倒立からの前転で
大きな動きになる

●「手押し車」からの前転で大きな動きを経験する

手押し車から腕で体を支えたまま，腰の角度を保ったまま前転する
補助者も，手押し車から足を高く持ち上げて回転を助けるとよい

練習方法や場の工夫

◆うさぎとびからの前転　※うさぎとびの踏み切りを生かすと跳び前転に近い動きになる

両手 → 両足 → 両手 → 両足　と，うさぎとびで移動する

◆人をとび越す―「1人の台」（うずくまり，四つんばい）

うずくまり（低い台）

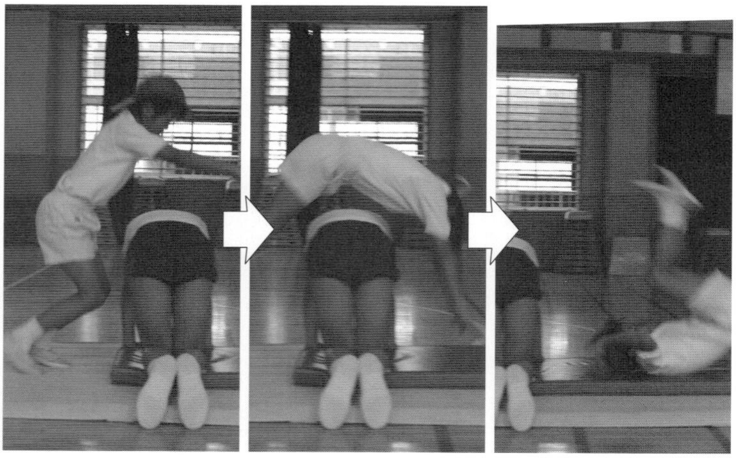

四つんばい（高い台）は高いだけに，腰も高く上げてとび越す

◆人をとび越す―「 2人の台」

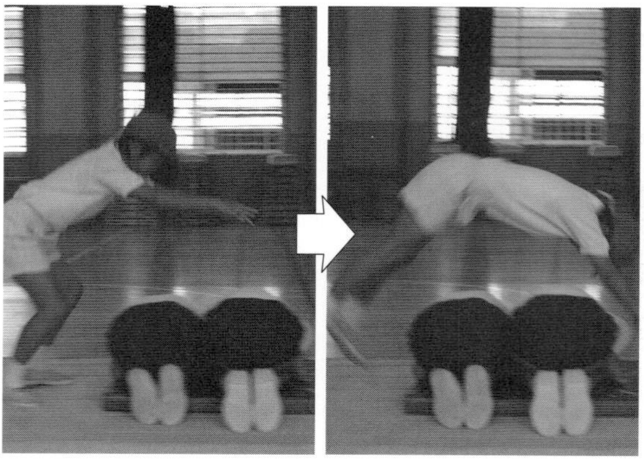

2人のうずくまり（低い台）
前方への距離が出るように踏み切る

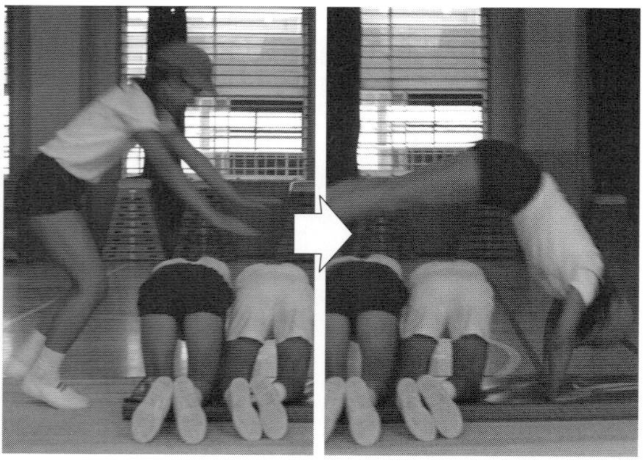

2人の四つんばい（高い台）
腰を高く上げ，台の近くに手を着く

無理なく跳び前転の動きを経験したり発展させたりするためには，多様な前転に取り組むことを大切にしながら，次第に助走や踏み切りによって空中の局面を大きくしていくとよい。

うさぎとびの進む勢いのまま踏み切って前転する。ほとんど跳び前転と同じ動きになる

◆段ボールをとび越す　※同じ段ボールでも，置き方によって高さや長さを変えることができる

低い段ボールをとび越す

高くした段ボールを飛び越す。踏み切りが強くなる

◆重ねた段ボールをとび越す

高くした段ボールの下に低い段ボールを加えた。腰ほどの高さである
前方に強く踏み切り，腰を高く，膝を伸ばしてとび越す。着地での腕の支えが大切になる

倒立前転

運動のポイント

足の振り上げ

前後に大きく開脚することで振り上げ足が倒立まで上がりやすくなる

マットを見て腕で支え倒立の姿勢を保持する

つまずく動きと指導のポイント

●つぶれた姿勢（腰と膝が早く曲がる）

×腰と膝が早く曲がる

　前転の意識が強いと，腰と膝の曲がりが早くなる。膝が顔に当たって危ない。

○腰と膝を伸ばしたまま回転を始める

　倒立前転の最も大切なところである。右端写真の腰が伸びた背支持倒立の姿勢のように，首や肩がマットに着いても腰と膝を伸ばしておくようにする。

この運動は，事前に逆さになる運動・倒立を学習しておく必要がある。

最初は，倒立よりも前転への意識が強くなり，倒立を経過しないですぐに前転を行う場合が多い。後頭部や背中で体を支え，腰を伸ばした姿勢を保持することが大切になる。

体を伸ばしたまま
肩を前に出す

回転を始めるが
体は伸ばしたままの
姿勢を意識する

倒れる勢いを利用して前転を行う
起き上がるまで膝を伸ばしておくことで，回転のスピードをコントロールする

◆補助倒立からの倒立前転

補助倒立ができることが前提

「つぶれた姿勢」でも確認したように，首や背中で体を支えながら回転を始める際に腰や膝を伸ばした姿勢を保つことが大切になる。左から2枚目のように，前転を開始してもしばらく補助をして，体を伸ばした姿勢を保持できるようにする。

練習方法

逆さの姿勢からの前転（低・中学年で学習した逆さの運動から後半の動きを経験する）

◆背支持倒立からの前転

背支持倒立から，支えた手を離して前転を開始する
背中でマットを押す意識があると大きな前転につなげることができる

勢いを保ったまま，マットに手を着かないで起き上がる

◆頭つき逆立ち（三点倒立）からの前転

頭頂・額で支持した逆立ちから体を倒しながら，体を伸ばしたままの姿勢で回転を始める

勢いを保ったまま，なめらかに起き上がる
両手を前に出すと起き上がりやすい

ここでは，補助倒立ができなくても，1人で練習できる方法をいくつか取り上げる。
いずれも，事前に逆さになる運動を指導しておくことがその前提になる。運動の後半を経験することで，運動の全体のイメージをつかむことができる。

倒立の姿勢からの前転 （壁や肋木を利用した倒立からの前転である）

◆肋木での逆立ちからの前転

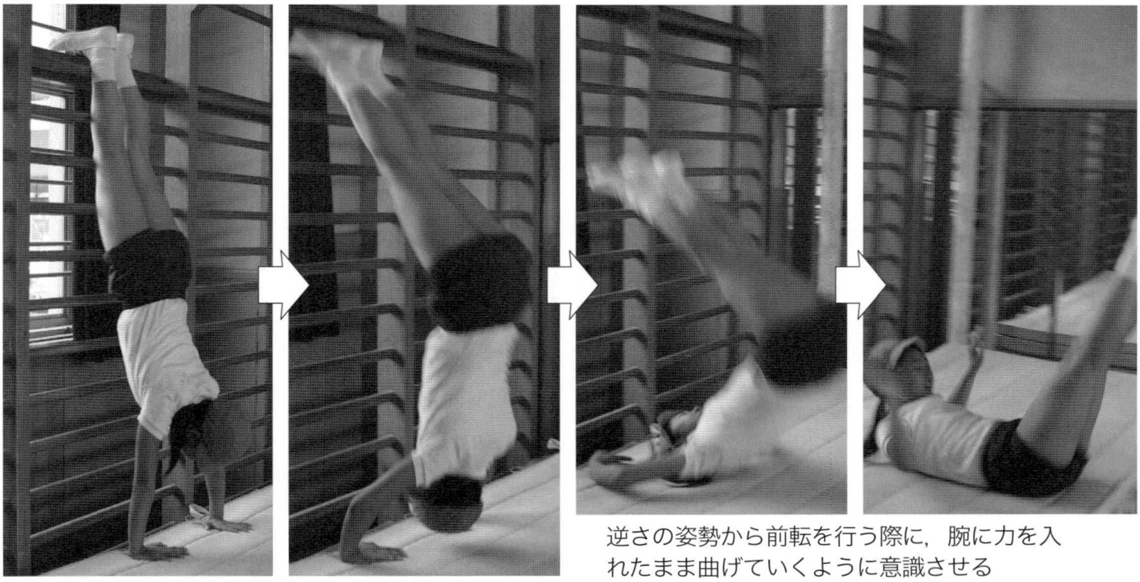

足で肋木を登って逆立ちになった姿勢から
前転を行う

逆さの姿勢から前転を行う際に，腕に力を入れたまま曲げていくように意識させる
腕で体を支え続けることによって，首を痛めたり回転不足になることを防ぐことができる

◆壁登り逆立ちからの前転

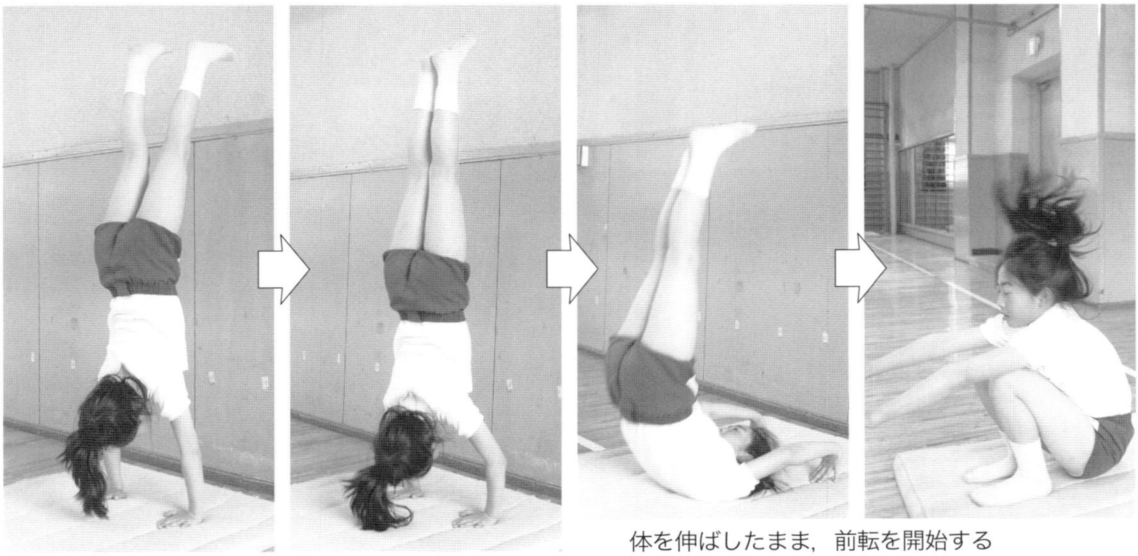

壁登り逆立ちになり，片足ずつ壁から離す
倒立では，マットを見て両手で支持する

体を伸ばしたまま，前転を開始する
膝を伸ばすことで回転のスピードを調整する
慣れないうちは，仲間の補助があってもよい

転がる運動　1.前転系

倒立開脚前転

高

運動のポイント

倒立前転と同様に，倒立の姿勢になる
マットを見ることが両腕の支えのポイントになる

少し前方に倒れるように回転を始める
腕で体を支え，腰を伸ばしたまま回転を始める

指導のポイント

◆背支持倒立からの開脚前転

逆さの姿勢から，脚を開くタイミングを理解することができる

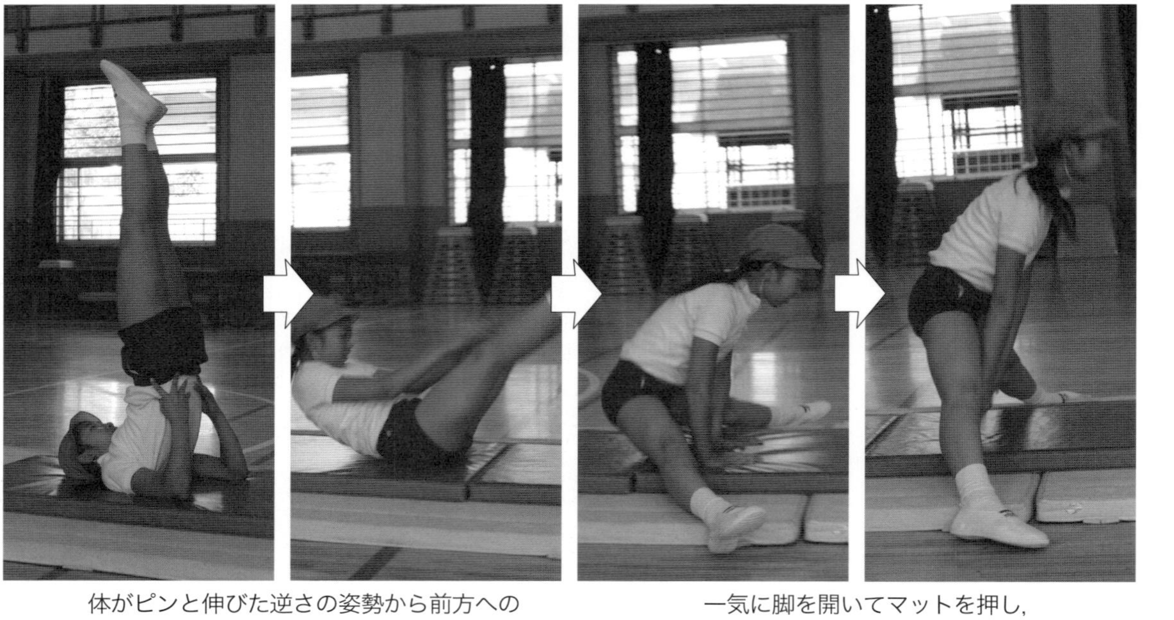

体がピンと伸びた逆さの姿勢から前方への回転を始める
まだ膝は伸ばしたままである

一気に脚を開いてマットを押し，開脚前転を行う

倒立前転で膝を伸ばしたまま回転し，開脚で起き上がる運動である。したがって，倒立前転と開脚前転の学習がこの運動に取り組む前提にある。背支持倒立からの開脚前転が有効な練習になる。

膝を伸ばしたまま回転し，そのまま開脚前転を行う
左端の写真のように，開脚になるタイミングを早めないようにする
回転のスピードがあれば，脚の開きを狭くしても起き上がることができ，伸膝前転に近づく

◆多様な逆さからの前転

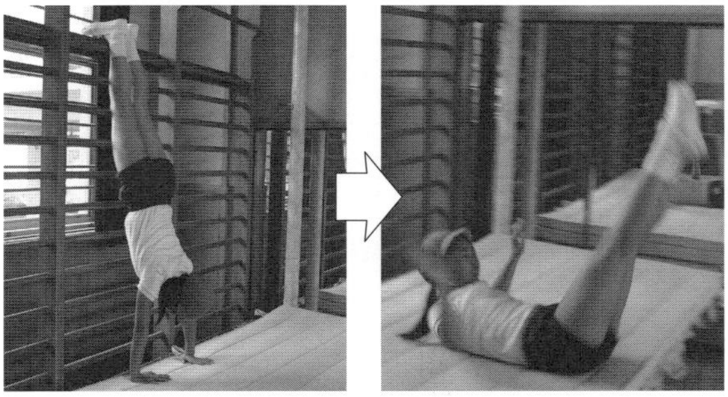

肋木での逆立ちから

壁登り逆立ちから

◆倒立になる前に回転開始 ※動きの全体を経験する

きちんとした倒立でなくてもよいから，膝と腰を伸ばした開脚前転を行ってみる

転がる運動　2.後転系

後転・後ろ転がり

低・中

運動のポイント

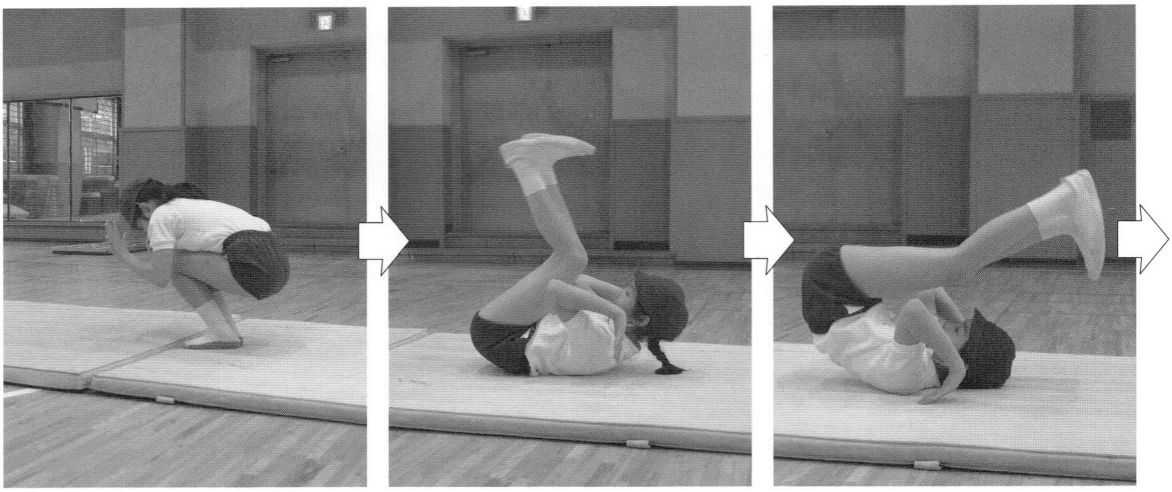

両手の手のひらを上にして
耳の横（後ろ）に準備する

腰を遠くに着きながら
回転を始める

手は膝と一緒に後方に
ここで膝を伸ばすと，重心が
後方に移動しやすくなる

つまずく動きと指導のポイント

●手がマットに残っていて回転できない

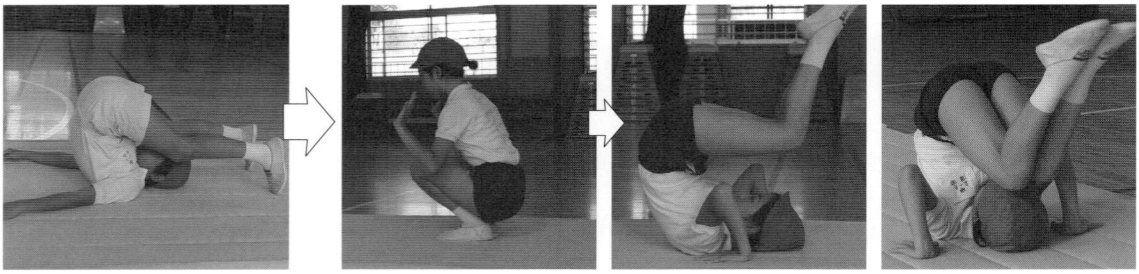

両手の準備が大切

耳の後ろに両手が着いている
腰高の姿勢も重要である

●「ボールのように小さく」なっては回転できない

小さく丸まると回転力が生まれ
にくいのは，前転と同様である

大きな動きになるよう，腰の角度にゆとりを持たせ
腰高で膝を伸ばすと回りやすくなる

腰・背中・後頭部と順にマットに接しながら回転する運動である。

この運動で回転の妨げになるのが頭部である。「ゆりかご」でも述べたように，両手でマットを押すことが大切なポイントとなる。

腰を上げ，膝は顔の上を通過させる
手の押しが始まる

手でマットを押して起き上がる
靴の裏で着地する

最後までしっかりとマットを押しながら起き上がる

●正座のような着地になる

回転の終わりに，かかとをお尻につけると正座になる
靴がマットに着いてから膝を曲げるとよい

◆背支持倒立 (腰高の姿勢に慣れさせる，後転の後半の動きを経験させる)

背支持倒立の姿勢から腰を曲げ，靴が頭の上に来るようにする

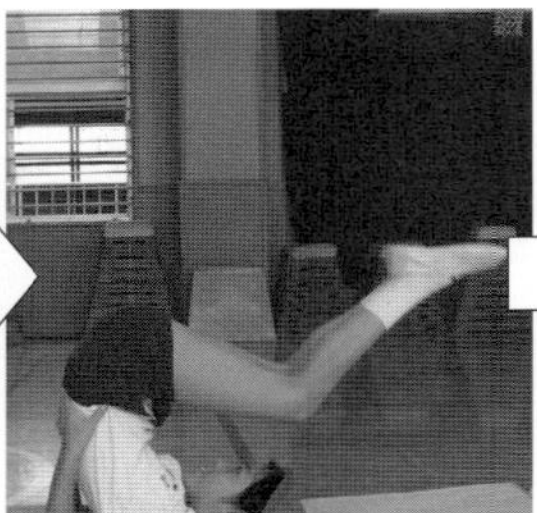

膝を伸ばしたままで無理であれば膝を曲げて背支持倒立の姿勢に戻る

練習方法

後ろに回る練習の方法や場の活用についていくつか取り上げる。

開脚前転や伸膝前転，開脚後転，伸膝後転等の運動でも取り上げた方法である。

◆「肩回り」で後ろに回転する

後転の回転を妨げるのは頭部である。そこで，側頭部と肩の空間を使って後方に回転してみる

体が柔らかい（締まらない）低学年の子どもたちに，後ろへの転がりを経験させるのに適した運動である

◆回転力をつける

かかととお尻が着いたまま回り始めると，勢いが弱い

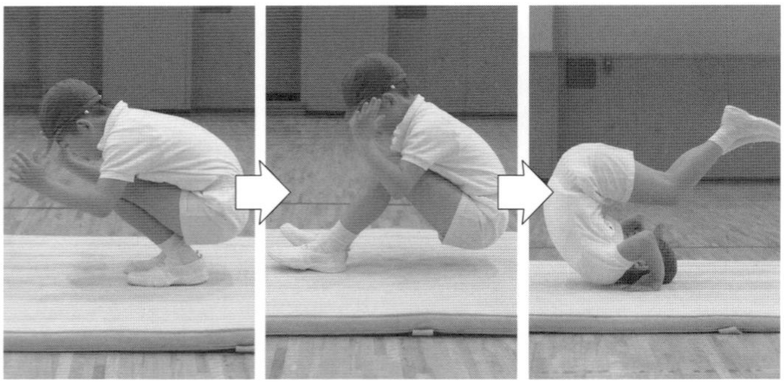

腰を後ろにずらすと後方への勢いが生まれるとともに，膝と腰の角度が広がり，回転力をつけやすくなる

◆補助は両手で腰を持ち上げるようにする

後方への回転を助けようと後方に押すと首が痛くなる

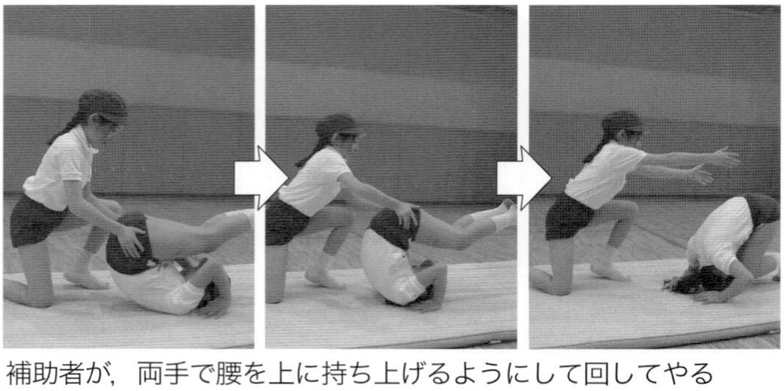

補助者が，両手で腰を上に持ち上げるようにして回してやる

実施者は，両手の押しと靴や膝が頭の上にくることを意識する

◆傾斜を利用する

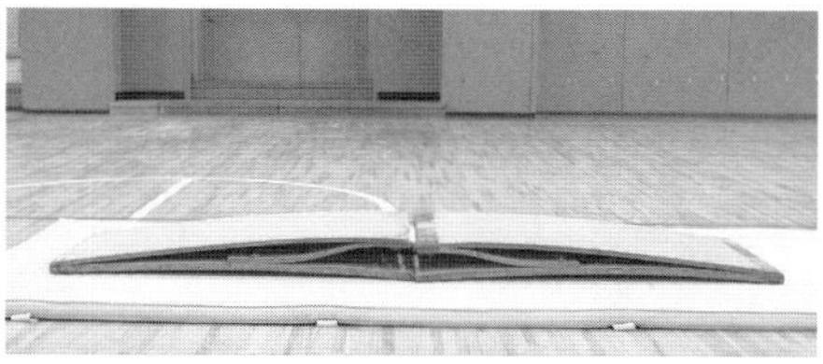

踏み切り板を２つ並べて傾斜をつくる
その上にマットを載せた場の活用である

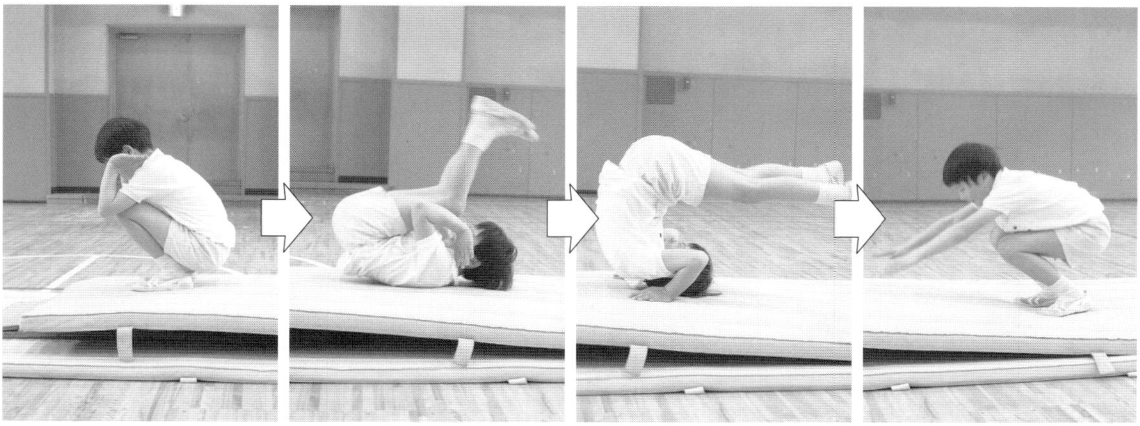

傾斜で得られる回転のスピードに頼るだけではなく，後転のポイントである「両手の押し」「腰高」等を意識しながら行うことが大切である

◆腕組み

左の写真のように後頭部で両腕を組み，傾斜を利用して後方に回転する方法である。両腕を固定した上で，首を守った回転を行うために考えた
低学年のマット遊び等で多様な転がりを経験させる時の課題にも活用できる

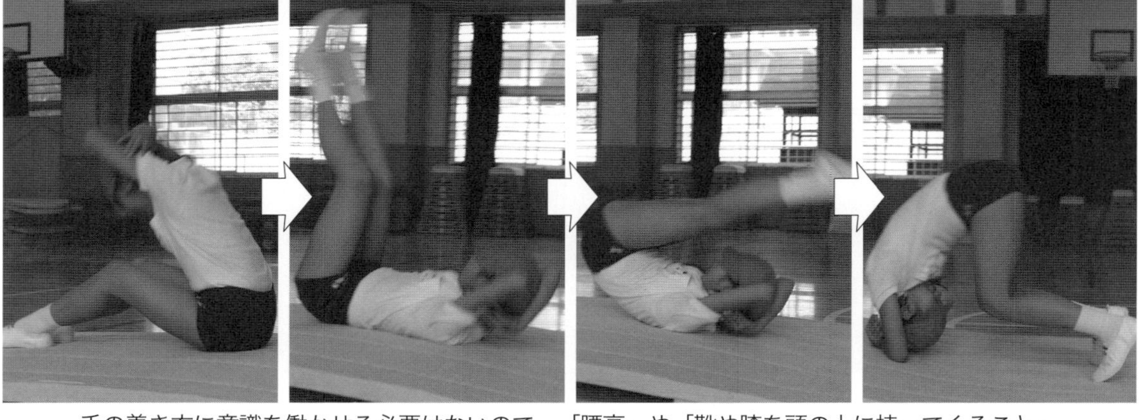

手の着き方に意識を働かせる必要はないので，「腰高」や「靴や膝を頭の上に持ってくること」に集中することができる

転がる運動　2.後転系

開脚後転

中

運動のポイント

回転の準備

後方に回転しながら，両手を着く準備とともに膝を伸ばして開脚の準備。ここで脚を開くと後方への回転力が失われる

指導のポイント

◆手の押し

後方への回転が終了して体が起き上がるまで，しっかりとマットを押し続ける

◆開脚のタイミング

膝が顔の前に通り過ぎるまで，膝を伸ばした脚を開かないようにしておく

後方に回転しながら両膝を伸ばし，回転の後半で脚を開いて起き上がる運動が開脚後転である。

回転の勢いや脚を開くタイミングが大切になる。開脚前転同様，傾斜や段差を利用しながら学習を進めると技能向上に役立つ。

脚を開き，両手でマットを押して起き上がる
膝を伸ばすことで後方への回転力が生まれるとともに，脚を開くことで後転よりも重心の移動が少なく，比較的容易に回転できる

最後までマットを押し続ける意識が大切

◆傾斜の利用

傾斜を利用することで回転不足を補うことができる

ただし，運動のポイントを意識して行うようにし，技能の向上に役立てる

◆段差の利用

5㎝ほどの厚さの小マットであるが，着地の場所を低くすることで起き上がりが容易になる

伸膝後転

中・高

運動のポイント

膝を伸ばし，上体を前屈して後方への回転を始める
上体を前屈しておくことがポイントである

腹筋を使って下半身を
上体の方に引き寄せる

指導のポイント

◆開脚後転の脚の開きを狭くしていく

開脚後転の脚の開きを次第に狭くしていくことで，伸膝後転に近づけていく

◆両手の押し

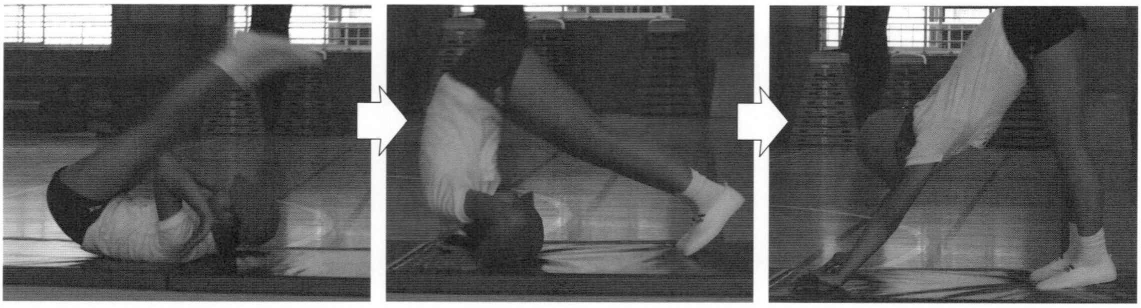

伸ばした脚を上体に引き寄せた時に，一気に両手でマットを押して起き上がる
最後まで押し切るという意識が大切

両膝を伸ばし，閉じたままで後転する運動である。運動のポイントは，開脚後転とほぼ同じだが，開脚の場合よりもしっかりとしたタイミングのよい手の押しが必要になる。

小学生では段差や傾斜を利用して取り組むとよい。

ここまでは開脚後転とほぼ同様の運動の経過である

靴がマットに着いて起き上がるときに，一気に両手でマットを押す。着地の位置が遠くならないように気をつける

◆段差の利用

着地する足が小マットから出るように回転する。起き上がりが容易になる

◆回転開始の方法

通常の後転の始め方である。勢いが必要のため，腰のずらしを意識する

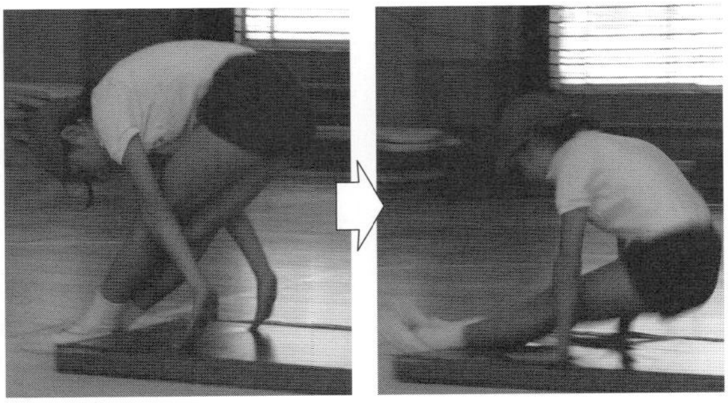

前屈して両手を着く。腰がマットに着く時に腰の角度を開くと，重心が後方に移動しお尻が痛くない

後転倒立

運動のポイント

後方に倒れることで最初の勢いを得る

後転の後半に体を伸ばして倒立になる運動である。

腕の押し，首を起こした背中の反り，腰の伸ばしの３つのことを同時に行うことが要求される。

膝が顔の上にきた時に，一気に体を伸ばし（反り），手でマットを押す
頭を起こしてマットを見ることで，より強くマットを押すことができる

◆補助での後転倒立

一番むずかしい倒立になるところを補助する。伸びる方向や手の押し，体の反り等を確認する

転がる運動　3.側転系等

丸太転がり・横転がり（側転）

低・中

前後ではなく，横に転がる運動である。代表的な2つの運動を取り上げる。

◆丸太転がり

1人で

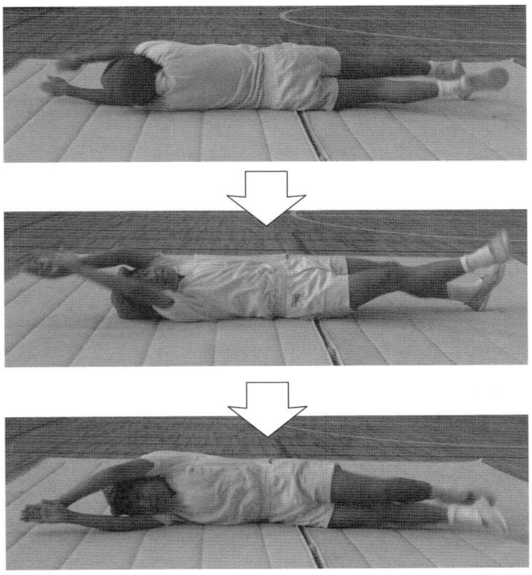

マットに横たわり，コロコロと転がる
なかなかまっすぐに転がらない

2人で

2人でうつぶせとあおむけになって手をつなぎ，
転がる。呼吸を合わせるのが課題になる

◆横転がり(側転)

腕，背中，反対の腕と接しながら横に転がる運動である。
体つくり運動（低学年）の例示にある「座っての横転がり（バランス)」に似た運動感覚を味わうことができる。

横にひっくり返る感じで回転を始める

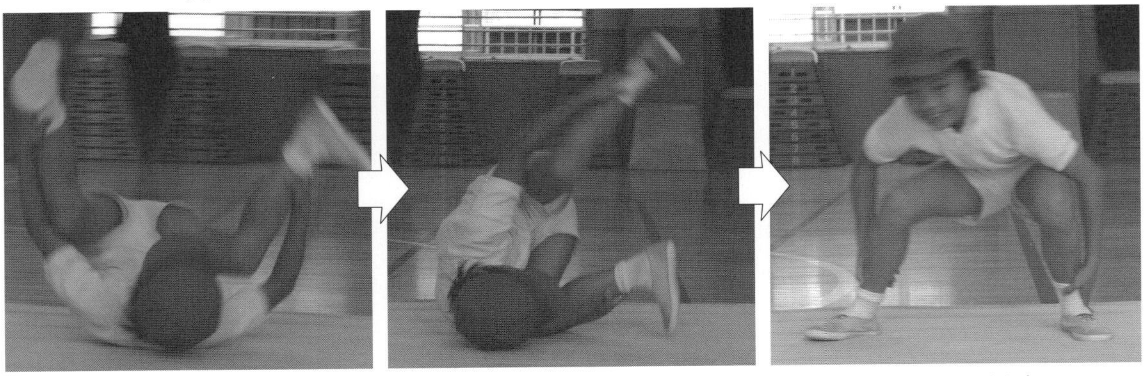

膝や足首を持つと起き上がりで体勢が崩れにくい。積極的に自分で横に回転することが大事

転がる運動　3.側転系等

前転ボールとり

中・高

運動のポイント

ボールを投げ上げたらすぐに前転を開始し，回転終了までの時間を短くする。また，頭部をマットにつけないように回転し，前転のスピードも早くする

この時点で，見ようと思えばボールの位置を確認することができる

つまずく動きと指導のポイント

●ボールを見ていない

仲間の落とすボールを見て，落下したボールを捕る
前を見るのではなく，あごを上げて上を見るようにする

回転開始時はボールは見えない

背中がマットに着いた時には上を見て
ボールを確認することができる

体つくり運動（中学年）「基本的な動きを組み合わせる運動」の例示として示されている運動である。ここでは，前方に転がる運動の楽しみ方として位置づけ，その発展にもふれる。頭や顔に当たっても痛くないように，ソフトバレーボールなどの柔らかいボールを使用する。

ボールの位置を確認し，捕球の準備の段階である

ボールの落下地点を予測し，起き上がって捕球する
捕球できる場所に投げるボールのコントロールも重要

●回転が遅い

×頭着き逆立ちは回転が遅い

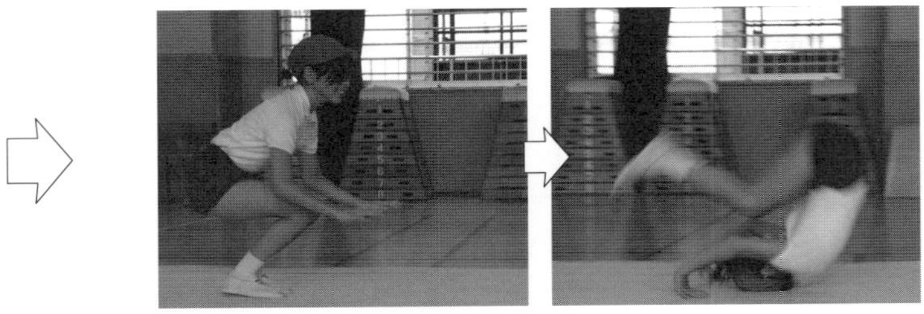

ボールを投げたらすぐに前転をする
後頭部がマットに着くか着かないかの回転開始

●ボールコントロールが悪い

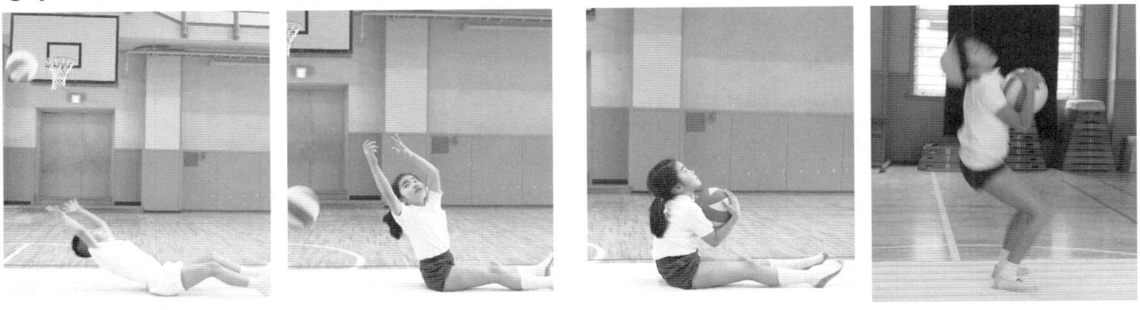

ボールのコントロールが悪い　　寝て捕った　　立ち上がって捕った

高く投げるとコントロールが難しい。したがって，ボールコントロールの練習も必要である

発展　多様な動きでボールとりに挑戦する

前転ボールとり（寝て・立って）も含めて難しさによって得点化し，個人や集団で競うのも楽しい。

◆馬跳びボールとり

◆側方倒立回転ボールとり

◆前転2回ボールとり

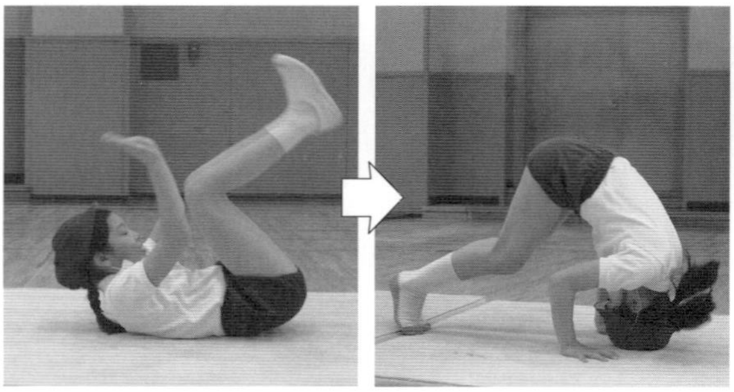

◆後転ボールとり

◆前方倒立回転（ハンドスプリング）ボールとり

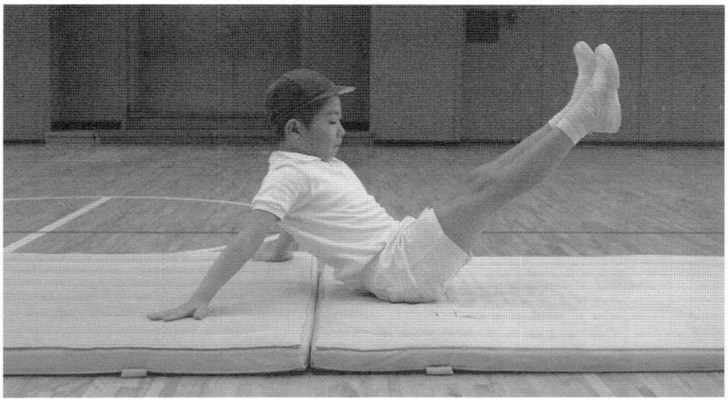

II. 支持回転する運動

支持回転する運動

体を支える運動

低・中

支持回転する運動の技能向上につながるいくつかの運動を取り上げる。

◆手足走り

×腰が低い

腰を高くして腕に体重を乗せ，一歩一歩を大きく移動する

◆うさぎとび

×腰が低く小さい動き

腰を高くして大きく前に移動し，着手位置よりも前に着地する

◆手押し車

×腰が落ちた姿勢

お腹と背中に力を入れて，ピン！とした姿勢で移動する

◆バランス

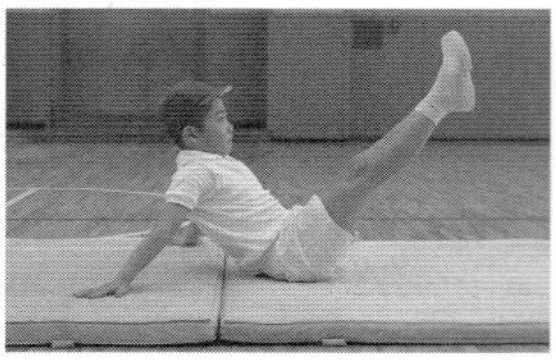

V字（支えあり）

V字（支えなし）

水平

Y字

支持回転する運動

頭つき逆立ち（三点倒立）

低・中

頭と両手で三角形をつくって逆立ちになり，バランスをとる運動である。

運動のポイント

最後まで三角形を保つ　縮んでバランスを保つ　背中をまっすぐにして　ゆっくり伸ばす

◆壁を使って

三角形を確認して　壁に寄りかかって頭つき逆立ちになる　体を壁から離す

◆縮んでバランス　※体を伸ばす練習の前に，縮んだ姿勢でバランスをとる練習が大切になる

膝を体に近づけて腰高に　縮んでバランスをとる　背中を伸ばす

●失敗例

背中が丸まると前転になる　背中は伸びているが，体の伸びる方向が違う

支持回転する運動

ブリッジ

低〜高

運動のポイント

準備
後転と同じ手の着き方

腕と足に力をいれながら
体を反っていく

ブリッジ
手と手の間を見て支える

◆手の着き方

×床に腰を下ろした姿勢で
手を着き，体を反った

最初の準備の姿勢が大切
後転と同様，耳の横に手を着く

ブリッジ
膝を伸ばすように力を入れる

◆ブリッジくぐり

1人目がくぐったら次の者が続いてくぐる。一定距離の到達やくぐる人数で競うこともできる

低学年のうちから，短時間でよいから継続的に取り組みたい運動である。特にマット運動では柔軟性が運動の正否・できばえに影響することがある。楽しみながら取り組ませたい。

◆ブリッジ歩き

手と足を動かして横に移動してみる。頭は起こして手と手の間を見る

◆ブリッジから前方への起き上がり

体を反ったまま両手・両足で体を支えながら，手から足に体重移動して起き上がる

◆後方ブリッジからの起き上がり

前後開脚の姿勢から後方に反ってブリッジになり，後方への勢いを利用して起き上がる

◆頭なでなで

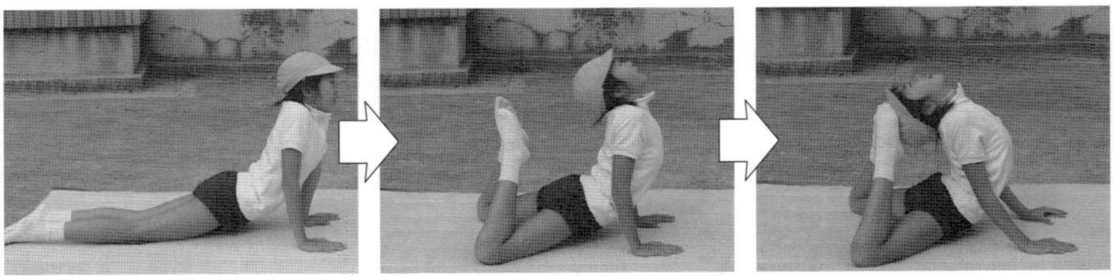

腰と背中の柔らかさを確認したり高めたりする運動である

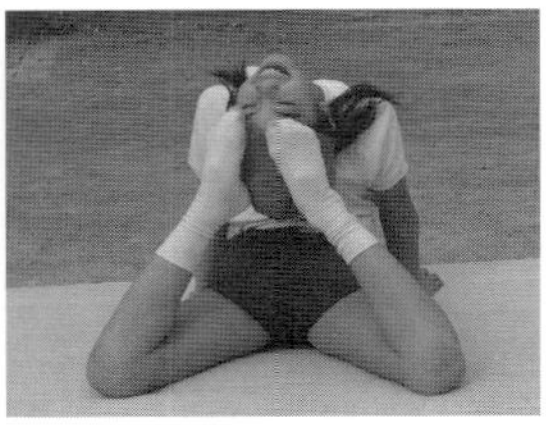

おでこなでなで

支持回転する運動

かえる逆立ち・かえる足打ち

低・中

両腕で体を支えて逆立ちになる運動である。特にかえる足打ちは，川跳びや側方倒立回転につながる運動である。

◆かえる逆立ち

両肘に膝の内側を乗せる

そのまま体重を前にかけて足を浮かす

両腕で体を支えて腰の高い姿勢のかえる逆立ち

◆かえる足打ち

足を開いた姿勢から，両方の靴の裏どうしを打ち合わせる

肩の上に腰が乗ると逆さの姿勢を保つことができ空中での足打ちの回数が多くできる

◆高いかえる足打ち

腰を高く上げると，肩・背中・腰のラインはほとんど倒立に近くなる。しっかりと下を見ること

支持回転する運動

壁登り逆立ち

低

壁に背中を向けた姿勢からしゃがんで両手を着き，足で壁を登って逆立ちになる運動である。低学年から無理なく逆さになることができる。肋木やステージの角に足首を掛けるとより簡単である。

◆運動の手順

壁に背中を向ける

足で壁を登る

逆さの姿勢になる

◆逆立ちの姿勢

×体を反ると苦しい

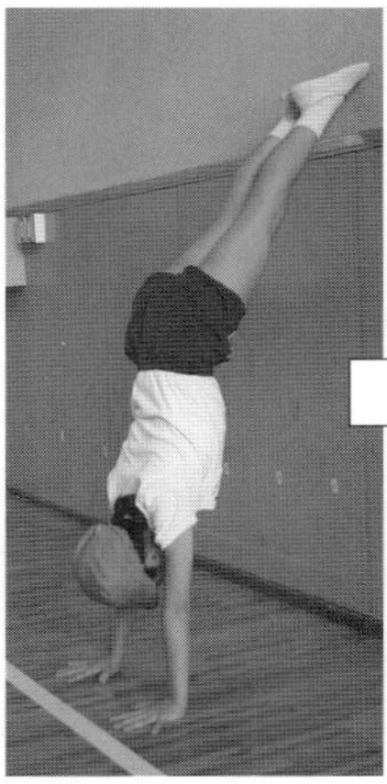

お腹を凹ませるようにすると楽

◆脚の開・閉

閉じるときれい

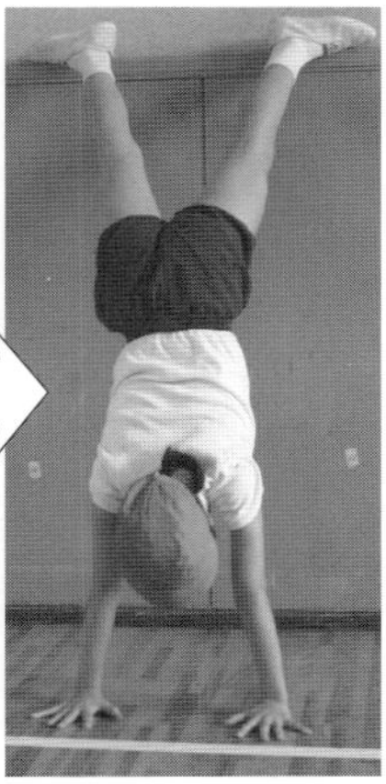

開くと支えが楽

◆片手・壁登り逆立ち

腰の移動で楽に片手に

◆ジャンケン遊び

ジャンケン

ポン！

隣の列との勝ち抜き戦は，とても盛り上がる

支持回転する運動

壁倒立

低～高

運動のポイント

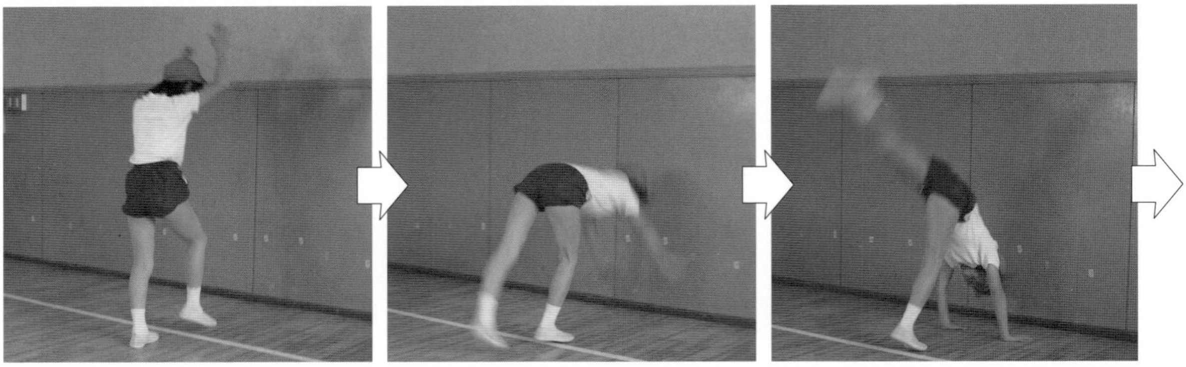

腕を振り下ろして壁の近くに手を着きながら，後方の足を勢いよく振り上げる
その際，前後の開脚を大きくして，最初の振り上げ足を高く上げるようにする

指導のポイント

◆補助

補助者は，最初に上がる足を持って壁まで持っていくようにする
実施者は振り上げ足の膝を伸ばし，前後に大きく開脚する。最初から最後まで下を見ること

◆膝伸ばし

×膝曲がり
補助が大変！

○膝伸ばし
大きく開脚

◆壁に頭を着ける

頭を壁に着けると，着けたところが支えになり
壁倒立もやりやすい。慣れたら頭を壁から離す

壁に向かって逆立ちになる運動である。多くの腕支持回転の運動の基礎になる運動でもある。

壁倒立の指導の前に，「体をささえる運動」でも取り上げた手足走りやうさぎとび，手押し車といった運動を継続して指導しておくとよい。

片足を高く上げることによって，腰も高く上がり，容易に逆立ちの姿勢になることができる

壁倒立
下を見てしっかりと支える

◆ノビノビ倒立

×　　○

同じ実施者でも，体を反った時と伸ばした時では，靴の位置が全く違う。また，反った姿勢は窮屈で苦しい

壁倒立を発展させたり，支持回転する運動を上手に行うためにも，ノビノビ壁倒立の姿勢が大切である

◆スピード壁倒立

支持回転する運動で，回転のスピードを高めるための練習である
一定時間の回数や，一定回数の実施時間を取り組みの課題にするとよい

いろいろな壁倒立

◆壁に寄りかかった頭倒立

頭倒立から，一気に引っ張り上げて
壁倒立にする。頭を起こして下を見る

◆壁倒立と壁登り逆立ち

壁倒立と頭着き逆立ちを同時に行う。大勢で行うと
グループの挑戦課題になる

◆片手壁倒立

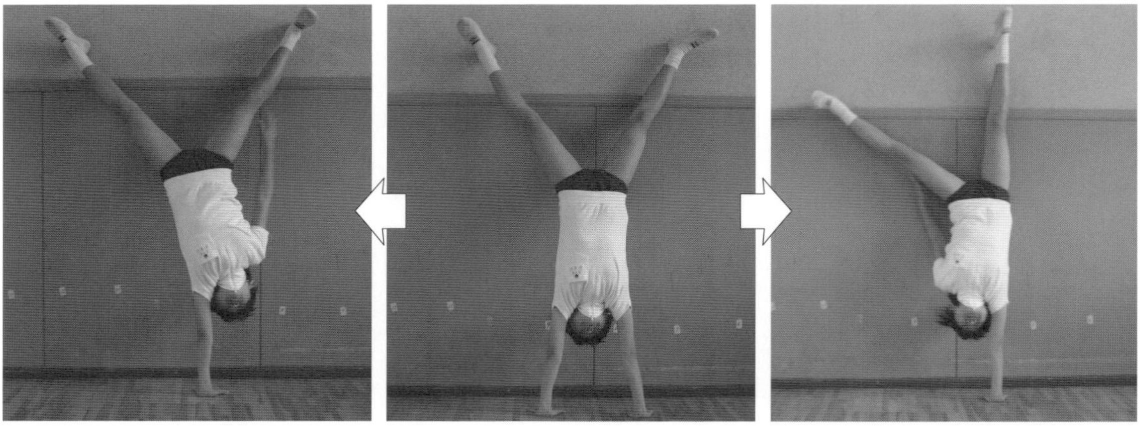

開脚の壁倒立から腰を移動させると重心が移動し，片手の壁倒立が可能になる
力よりもバランスが重要である。片手壁倒立を可能にするのが，ノビノビ壁倒立である

◆補助倒立

壁の代わりに人が立った補助倒立。まず，最初に上がった足だけを持つようにするとよい
倒立になるときに，勢いをつけすぎないように気をつける

支持回転する運動

倒立

高

指導のポイント

最初から両手をマット着けて，逆立ちに挑戦した方が倒立になる勢いを調節しやすい
また，振り上げ足を先に倒立まで持っていくと，倒立で静止しやすくなる

◆補助倒立

補助者は，最初に上がる足を持って壁まで持っていく
バランスがとれたと思ったら，補助の手を離す

◆壁倒立→倒立

壁倒立で，片足ずつ壁から離して
倒立になる

◆倒立歩行

下を見て，しっかりと腕で体を支える
腕ではなく肩を動かすと前に進みやすい

◆倒立→ブリッジ

倒立の練習では背中の方に倒れる不安がある
ブリッジになる練習が不安解消に有効である

支持回転する運動

大の字回り・川跳び

低

運動のポイント

右から左へ　左から右へ

大の字の姿勢で左右に体重移動をしながら回転の準備をする

指導のポイント

◆基本は「かえる足打ち」

大の字回りと川跳びの基本は，両手で体を支えて逆さになるかえる足打ちである

◆両足そろえの川跳び

両腕でしっかりと体を支えて小マットの反対側に移るのが川跳びである

得意な方向と不得意な方向の関係なく，左右の川跳びを一定回数取り組む

いずれも初歩の側方倒立回転に位置づく運動である。

大の字回りは予備動作で回転の勢いを得やすいが，視線がマットから離れやすく安定した回転にならない場合がある。川跳びは難しくはないが，動きの質を上げる段階的な指導が必要になる。

左足を踏み出しながら，そのまま側方に支持回転する
安定した回転の重要なポイントは，マットを見ながら回転することである

◆片足ずつの川跳び

左側からは右足から，右側からは左足から川を跳びこす

◆腰の高い川跳び

跳びこす足を高く上げる。かえる足打ちの腰の高さや勢いのつけ方が生きる

支持回転する運動

側方倒立回転

中・高

運動のポイント

片足を一歩踏み出し
両手を振り下ろして開始

踏み出した足と同じ側の
手を最初にマットに着く

両腕で体を支えながら回転を
開始。視線は両手の間に

指導のポイント

◆横向きの小マットを川跳びで越える

後ろにある足を振り上げ，ほぼ同時に両手をマットに着いて，振り上げ足から着地する
視線は，振り上げから着地まで，常にマットを見ている

◆縦向きの小マットを川跳びで越える

長さが120㎝のマットを越える。振り上げ足と振り下ろす手は，横向きよりも勢いをつける。
特に縦向きの小マットの場合は，側方倒立回転と変わらない運動経過になっている

腕で体を支えながら側方に回転する運動である。

たとえ中・高学年であっても，それまでに側方に支持回転する運動の学習経験がなければ，大の字回りや川跳びから指導を始めるようにする。

後に着いた手と同じ側の足から先にマットに着地

手を着いた方向につま先を向けると着地が安定する

回転の終了

◆靴の向き

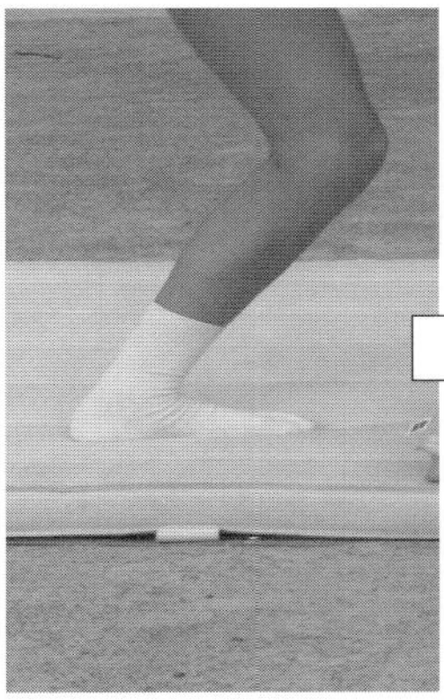

回転開始
靴・進行方向

逆さで両手支持

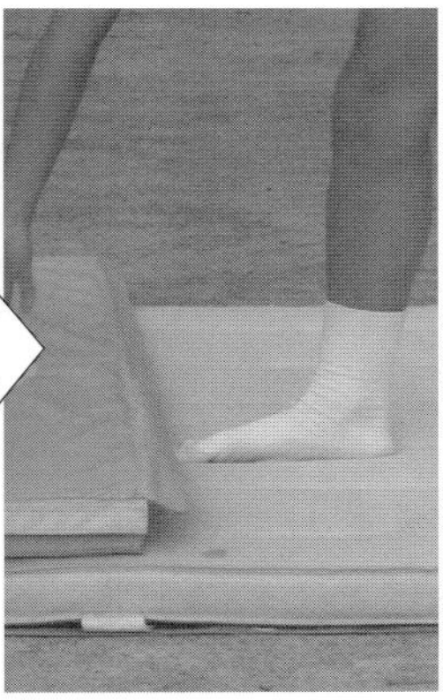

着地して終了
靴・手を着いた方向

×横向き着地，窮屈な姿勢

◆体の向き

大の字回りは体が横向き
助走からの回転に不向き

側方倒立回転や壁倒立のように，進行方向に体が向いていると，助走からの回転がスムーズになる

練習のポイント

側方倒立回転の動きの質を高めたり発展させるための方法や課題を示す。

◆ゴム超え

膝や腰の伸びを改善するための具体的な課題である。

頭の高さ

「自分の頭の高さ」のゴム越えが課題である
ゴムの場所で足が最も高くなるためには，手を着く場所も重要である

壁倒立で膝伸ばし

手首の高さ

「自分の手首の高さ」のゴム越えが課題である
クリアできるギリギリの高さであり，挑戦意欲が高まる課題である

垂直面での回転を
体の感覚で理解する

◆ホップ動作（助走からの回転）

進行方向への勢いを回転の勢いに変えるのがホップ動作である
振り上げ・振り下ろしの腕の動きもつけたスキップ遊びが大切になる

壁倒立で
スキップ・ホップ

発展 連続回転や片手の回転に挑戦してみる

◆連続回転

1回目の側方倒立回転が終わった後のスムーズな体の向き変えが連続のポイントになる

再び進行方向に体の向きを変えて，よどみなく次の側方倒立回転に移る
つなぎ目となる体の向き変えの練習も必要になる

◆片手の側方倒立回転

最初の写真の左足と右手の着手が体を支え，左足の蹴りが側方倒立回転の回転力を補う
片手での回転には，片手の壁登り逆立ちや壁倒立の練習が生きてくる

支持回転する運動

側方倒立回転1/4ひねり（ロンダート）

中・高

「手前ひねり（ロンダート）」の指導のポイント

倒立近くで両足の開きを狭めることと
早めに体の向きを手前に変えること

マットを押す動きが体の向き変えを容易にする
後半は両足がそろったままの動きである

◆手前への向き変え

側方倒立回転で，安定した着地のために，手を
着いた方向を向くことはロンダートの動きと同じ

マットの突き放しができていることが
体の向きを変える時間の確保につながる

◆片手のロンダート

助走で勢いをつけて，片手でのロンダート
脚の蹴りが回転を助ける

手前にひねりながら両足で着地
助走から踏み切りで回転力を生み出している

側方倒立回転1/4ひねりには，手前ひねりと前向きひねりの2つがある。
一般には，手前ひねり（ロンダート）がよく知られているし，授業でも取り上げられている。
一方，前ひねりはハンドスプリングにつながる運動である。

「前ひねり」の指導のポイント

助走から回転開始までは側方倒立回転のイメージで行う

最後は片手で支えながらブリッジになる
腰・背中・肩をしっかりと反る

両手を前後させて着手したハンドスプリングというイメージである
着地までしっかりと反ることが大切になる

◆ハンドスプリング

最後までマットを見続けることが大切になるのは，前ひねりと同様である
助走―ホップと振り上げ足のスピードなど，側方倒立回転や壁倒立の練習が生きてくる

支持回転する運動

前方倒立回転（ハンドスプリング）

中・高

運動のポイント

助走からの回転開始。マットに
垂直に着手することと背中の伸びを意識する

手でマットを押し，体を反らせる
背中を反り，両手を上に残すとよい

◆スピード壁倒立

ホップ動作からスピードをつけて壁倒立になる。バン！と音がでるくらいの勢いで行う
腕でしっかりと体を支え，壁を見るくらいに頭を起こしておく。一定回数を繰り返す

◆体の反り

×顔がマットを見ていない
腰が曲がっている

後方の足を勢いよく振り上げて回転のスピードをつけること，
しっかりとマットを見ることが大切

腕支持で前方に回転する運動である。

当然ながら，いきなり前方倒立回転に挑戦させるのではなく，壁倒立やブリッジ，側方倒立回転などの関連する運動の指導を行っておくことが前提となる。

◆倒立―ブリッジ

ゆっくりとした動きで，マットを見ながら足を振り上げて倒立を経過する
ブリッジになってもマットを見ておく。この動きにスピード壁倒立の練習を加える

◆壁倒立―ブリッジ―起き上がり（補助）

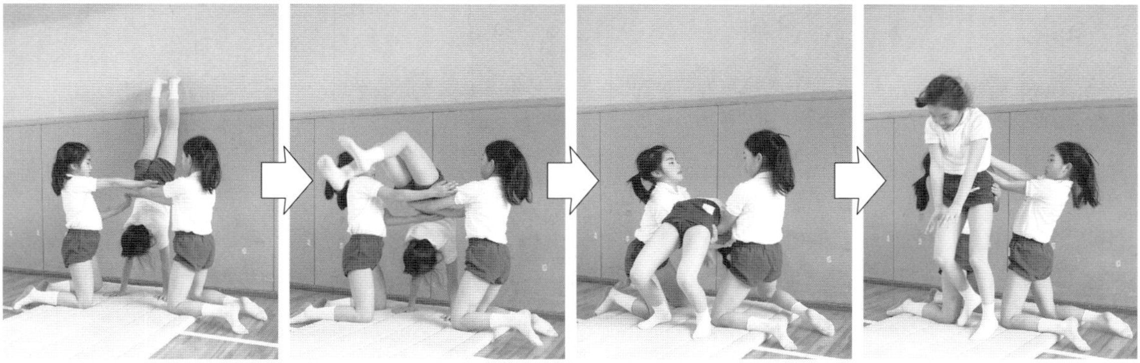

壁登り逆立ちから，前方に倒れてブリッジになり，仲間の補助で起き上がる
前方倒立回転の後半部分を経験する方法である

◆仲間の補助

補助者2人が実施者の肩と背中を補助して起き上げる方法である
逆さになった時には手を肩と背中に当て，着地が終わるまで補助を続けるように気をつける

支持回転する運動

高

はね起き

はね起きは，マット運動よりも跳び箱運動で取り組まれている。

以下の練習方法やポイントは，跳び箱運動の首はね跳びや頭はね跳びの学習に生かすことができる。

◆ゆりかご〜首はね起き

平地で首はね起きは大変難しい運動になる。そこでゆりかごと組み合わせて練習する
後方に揺れて前方に戻るときにはね起きる。両手の押し，体の反りがポイントになる

●頭はね起きの失敗例

失敗例：頭つきにならない，腕支持ができていない，腕で支えた前転，怖さから腕で止めるなど
高さを少しずつ変える，柔らかい場所に着地する，補助者をつけるなどの対応が必要になる

◆頭はね起き

はね起きは平地では難しい運動なので，高い所ではね起きる場を作る
踏み切りによる勢い，はね（腰の角度の開き），手の押し，背中の反りがポイントになる

Ⅲ．技の組み合わせ・補助や場の工夫

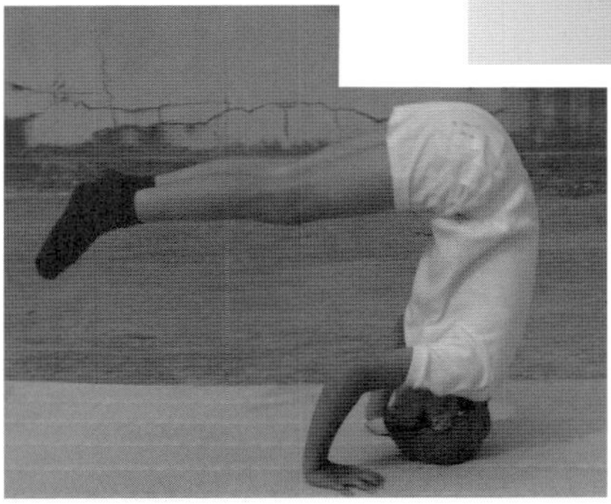

前方と後方に回転する運動の組み合わせ

◆前転―V字バランス

前転の途中で回転を止めてV字バランスになる。膝を伸ばして回転をゆっくりにするとよい

◆前転―ジャンプひねり―開脚後転

前転の終わりにかかとを引きつけて起き上がり，すぐにジャンプして半ひねり

膝を伸ばして開脚後転を行い，マットを押して起き上がった流れでポーズ

◆前転―足交差―後転

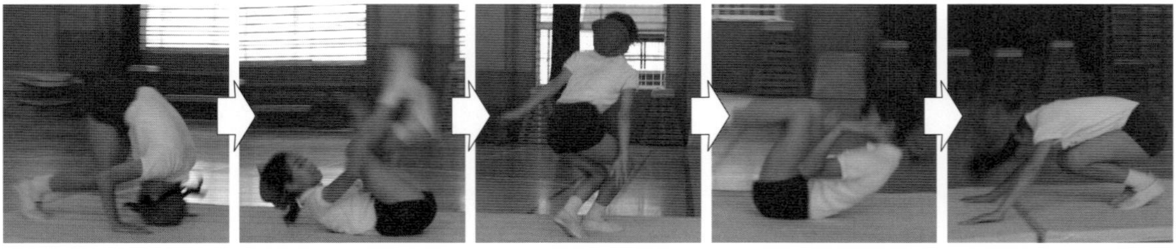

足を交差して体の向きを変える。両足に前後差をつくると向きを変えやすくなる

マット運動はそれまでできなかった運動ができたり，もっと上手にできたりすることが楽しい運動だが，できている運動を組み合わせる楽しさもある。後で示すモデルの動きなども参考にしながら，多様な組み合わせとその発表にも取り組んでいきたい。

◆つなげたマットで，組み合わせを２往復

倒立前転からそのまま開脚前転につなげて起き上がり

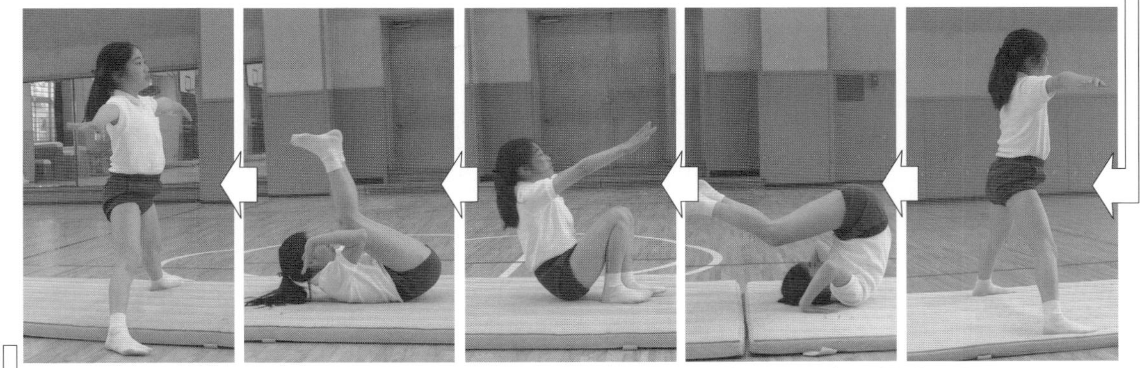

開脚立ちの姿勢から，後転，開脚後転と続けて，最初の場所に戻る

前転―ジャンプして半回転（向き変え）し，後転を行って立ち上がる

水平バランスで組み合わせにアクセントをつけた後，勢いをつけてロンダートを行い終了

支持回転する運動を入れた組み合わせ

◆側方倒立回転の連続

1回目の終了と2回目の開始がスムーズにいくよう，片足支持での向き変えを意識する

正面を向いて，しっかりと準備してから2回目の回転を行う

◆側方倒立回転―倒立前転

側方倒立回転の連続と同様，倒立への準備がスムーズにいくように向き変えを意識する

側方倒立回転からの流れが途切れないように倒立前転を行う

支持回転する運動の代表といえる側方倒立回転を中心に，組み合わせを示した。
連続回転をなめらかに行うためには，前の運動の終わりが次の運動の開始になっていることが大切である。
運動の組み合わせの重要な学習は，運動と運動のつなぎ目への着目である。

◆側方倒立回転1/4ひねり（ロンダート）—倒立歩行

ロンダートの両足着地から，振り向いて（ジャンプ・向き変えも可）倒立の準備をする

倒立から歩行を行う。ゆっくりと倒立に入ることが大切になる

◆前方倒立回転（ハンドスプリング）の連続

助走の勢いを生かして1回目を行い，その場でホップ動作を入れて２回目を行う

2回目の着地がうまくできたので，ホップ動作を入れて３回目！

技の組み合わせ・補助や場の工夫

シンクロマット

①同じ方向から前転

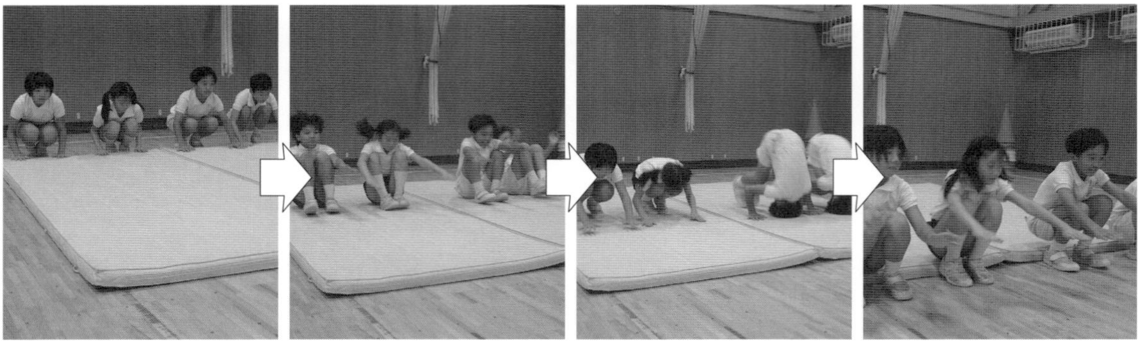

スタートの声を出して合わせるようにする。また1回目終了時に一度動きを整える

②向かい合った方向から前転

向かい合った方向からすれ違うように前転する。ここでも1回目終了時に一度動きを整える

③四辺の中央から前転

四角の辺を前転で移動するやり方である。後転で移動してもよいだろう

④同じ方向から前転・後転

①に後転を加えた変化である。ここでも1回目終了時に一度動きを整えるようにする

動きを友だちと合わせることは楽しい活動である。また，動きを合わせるために何度も同じ運動に取り組むことになり，結果的に技能の向上にも役立つ。ここでは４人での取り組みを紹介したが，最初は２人からで構わない。また，学年や単元の長さによって最終的なゴールを決めるようにしたい。

ゆりかごや背支持倒立，頭つき逆立ち，ブリッジ等の既習の運動も取り入れるとより楽しい。

⑤四隅から中央に前転，中央から四隅に後転

前転の終了時に中央で仲間同士でぶつからないように開始の位置を考える。⑥につなげられる

⑥四隅から中央に前転，中央から辺に後転

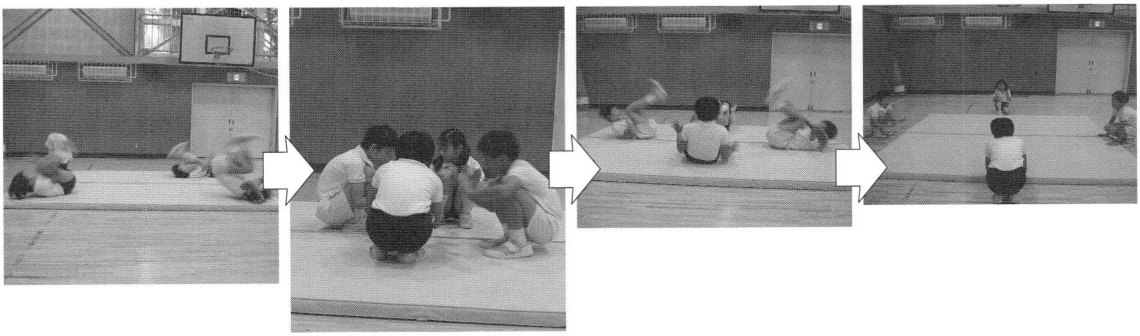

⑤の変化である。四隅から開始し，辺の中央で終わる。シンクロの連続で活用できる

⑦同じ方向から前転，２人は後転で戻り，２人は隅に向かって前転

辺からスタートし，四隅に移動する。この後，⑤や⑥につなげることができる

⑧四隅から側方倒立回転

転がる運動だけでなく，支持回転する運動も取り入れると楽しい

連続技のモデル

いろいろな運動で重要になる「背支持倒立」，組み合わせで使う「向き変え」，後ろに転がる運動としての「開脚後転」，流れのアクセントになる「ポーズ」，前に転がる運動としての「跳び前転」を組み合わせて「連続技のモデル」として作成し，共通課題として子どもたちに提示した。

背支持倒立から前に転がり，ジャンプ・半ひねりして向き変えを行う

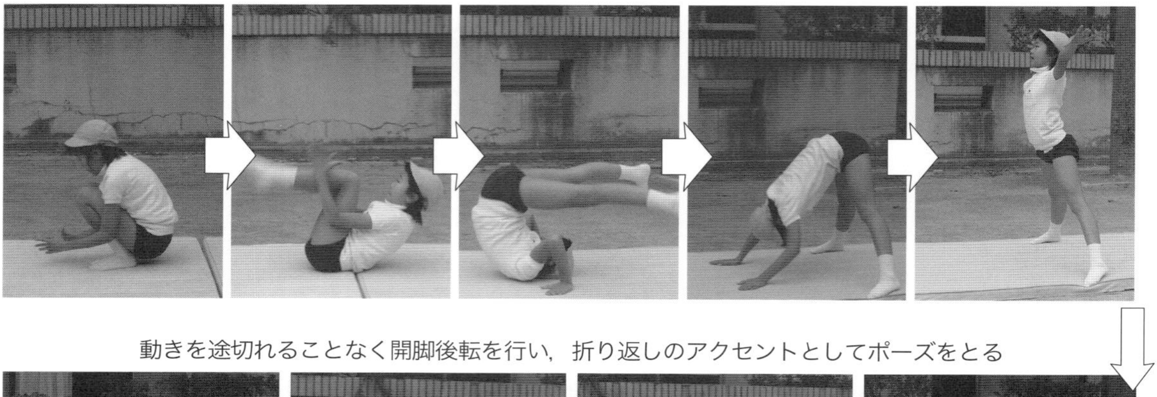

動きを途切れることなく開脚後転を行い，折り返しのアクセントとしてポーズをとる

つなぎとして，開脚のポーズから前転を入れる

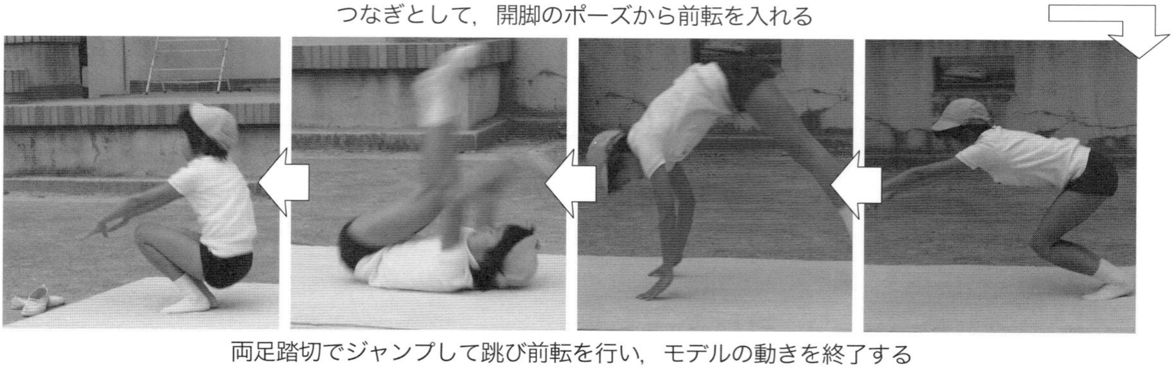

両足踏切でジャンプして跳び前転を行い，モデルの動きを終了する

技の組み合わせ・補助や場の工夫

仲間の協力や補助

体育の授業では，運動の実施に際して仲間がかかわる場面が数多くある。マット運動も例外ではなく、下記のような協力や補助が見られる。授業の雰囲気や技能の向上に関係してくる。

協力

ゆりかご・手タッチ

前転ボールとり

跳び前転・台

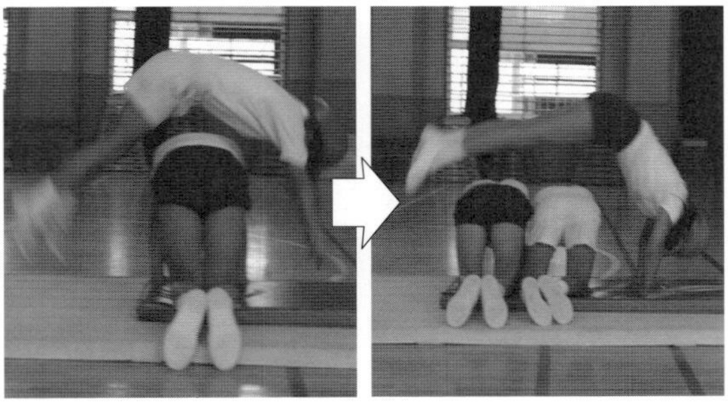

補助

壁倒立

倒立前転

頭はね起き

ハンドスプリング

技の組み合わせ・補助や場の工夫

場の工夫

高さの利用

高いところへ

高いところから

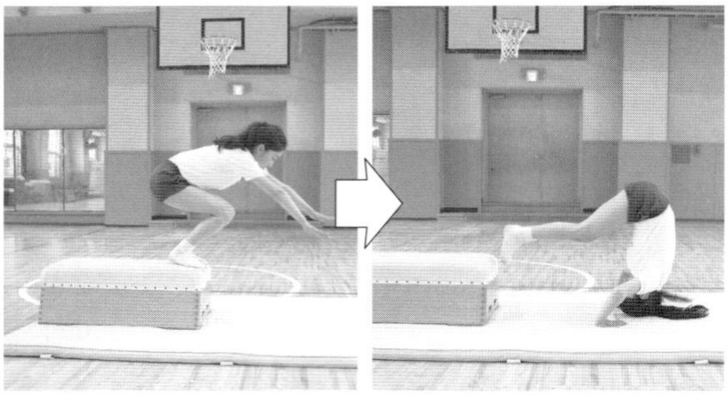

頭はね起き

斜面の利用

開脚前転

伸膝前転

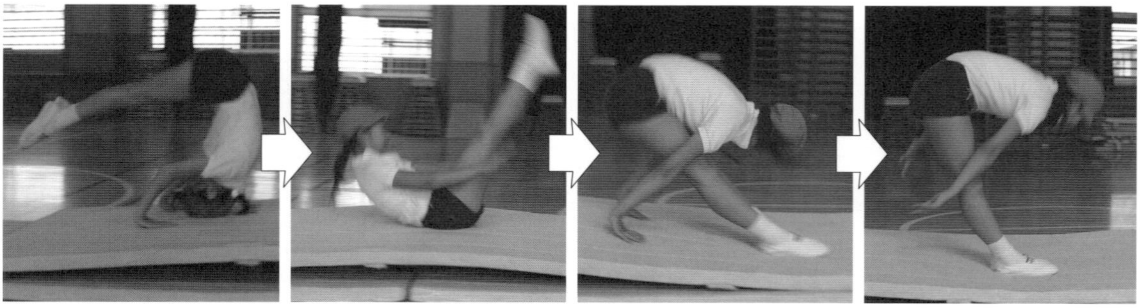

1人ではできない運動であっても，条件を変えることでできることがある。失敗を繰り返すと体が失敗する動きを覚えてしまうため，できれば正しい運動の経過を体に認識させ，その動きに慣れさせたい。そこで4つの場を用意した。運動のポイントを理解させながら取り組ませたい。

段差の利用

ゆりかご

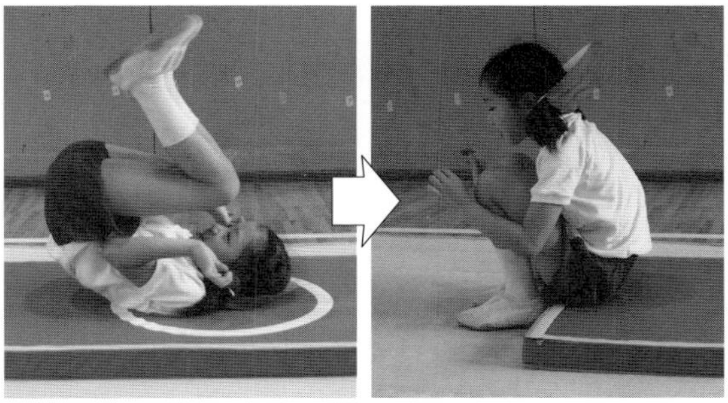

開脚前転（小マット2枚）

開脚前転（小マット1枚）

開脚前転（マットの角）

壁の利用

壁登り逆立ち―ブリッジ―起こし

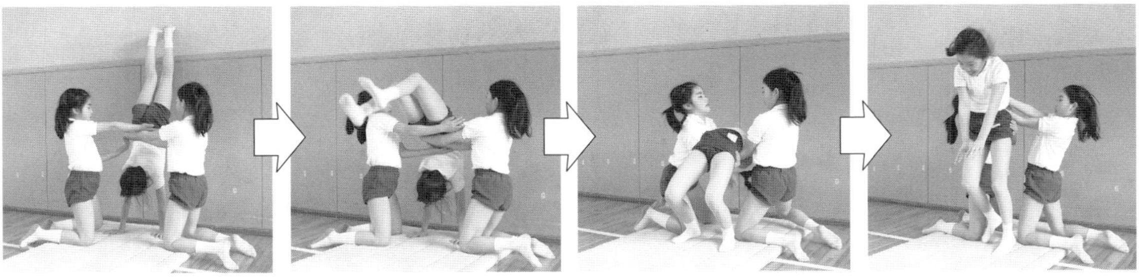

壁倒立

下を見て体を支える　　腰を左右に移動して，片手でバランスをとる

■著者紹介

松本　格之祐（まつもとかくのすけ）

1952年　熊本県に生まれる
1975年　東京教育大学校体育学部卒業
筑波大学附属小学校教諭，びわこ成蹊スポーツ大学教授を経て
2008年より桐蔭横浜大学教授，現在に至る
・筑波学校体育研究会理事，体育授業研究会理事
・日本体育学会会員，日本スポーツ教育学会会員，日本体育教科教育学会会員

【著書】
『仲間とともに育つ体育の授業』日本書籍，1995年（単著）
『写真で見る「運動と指導」のポイント1　鉄棒』日本書籍，1997年年（単著）
『写真で見る「運動と指導」のポイント　2　マット』日本書籍，1998年（単著）
『苦手な運動が好きになるスポーツのコツ　器械運動』ゆまに書房，2004年（単著）
『体育の授業のコツ34』小学館，2003年（共著）
『子どもの豊かさに培う共生・共創の学び 体育』東洋館出版，2004年（共著）
『人気教師の体育・図工の仕事術45』黎明書房，2007年（共著）
『10分でわかる！体育授業のコツ』（低・中・高学年の3巻）学事出版，2008－09年（共著）
『体育科教育別冊 新しいマット運動の授業づくり』
（および続巻の跳び箱運動，鉄棒運動，体つくり運動，計4巻）大修館書店，2008－09年（共著）

齋藤　直人（さいとうなおと）

1985年　山形県に生まれる
2008年　北海道教育大学釧路校教育学部卒業
千葉県市川市立行徳小学校，千葉県八千代市立勝田台小学校を経て，
2014年より筑波大学附属小学校教諭，現在に至る
・筑波学校体育研究会理事，初等教育研究会会員，使える授業ベーシック研究会常任理事

【著書】
『水泳指導のコツと授業アイデア』ナツメ社，2016年（共著）

＜小学校体育《しょうがっこうたいいく》＞写真《しゃしん》でわかる運動《うんどう》と指導《しどう》のポイント　マット

NDC375／79p／26cm

初版第１刷発行 ―――――― 2017年3月10日

著　者 ―――――― 松本格之祐《まつもとかくのすけ》・齋藤直人《さいとうなおと》
発行者 ―――――― 鈴木一行
発行所 ―――――― 株式会社 大修館書店
〒113-8541　東京都文京区湯島2-1-1
電話03-3868-2651(販売部) 03-3868-2298(編集部)
振替00190-7-40504
[出版情報] http://www.taishukan.co.jp
装幀・本文レイアウト ―――― 阿部彰彦
印刷所 ―――――― 横山印刷
製本所 ―――――― 難波製本

ISBN 978-4-469-26809-6　Printed in Japan